软件定义网络
电子政务网络应用实践

宋振玉　王　璐　李兴明　邹向楠　蔡乾鹏　著

漓江出版社
·桂林·

图书在版编目(CIP)数据

软件定义网络:电子政务网络应用实践 / 宋振玉等著. -- 桂林:漓江出版社,2024.6
ISBN 978-7-5407-9702-7

Ⅰ.①软.. Ⅱ.①宋... Ⅲ.①电子政务-计算机网络-研究 Ⅳ.D035.1-39

中国国家版本馆 CIP 数据核字(2024)第 023570 号

软件定义网络:电子政务网络应用实践

RUANJIAN DINGYI WANGLUO:DIANZI ZHENGWU WANGLUO YINGYONG SHIJIAN

作　　者 宋振玉　王　璐　李兴明　邹向楠　蔡乾鹏

出 版 人 刘迪才
出版统筹 文龙玉
责任编辑 宗珊珊
助理编辑 唐子涵
装帧设计 杨东晓
责任监印 黄菲菲

出版发行 漓江出版社有限公司
社　　址 广西桂林市南环路 22 号
邮　　编 541002
发行电话 010-85891290 0773-2582200
邮购热线 0773-2582200
网　　址 www.lijiangbooks.com
微信公众号 lijiangpress

印　　制 河北赛文印刷有限公司
开　　本 710 mm×1000 mm　1/16
印　　张 10.75
字　　数 199 千字
版　　次 2024 年 6 月第 1 版
印　　次 2024 年 6 月第 1 次印刷
书　　号 ISBN 978-7-5407-9702-7
定　　价 58.00 元

前　言

本书致力于探讨软件定义网络（Software Defined Network，SDN）技术在电子政务领域的应用和发展。在数字化时代，政府机构和组织面临着日益复杂的通信需求和安全挑战。电子政务网络的建设和优化成为推动政府数字化转型的关键一环，而 SDN 作为一项颠覆性的网络技术，为电子政务提供了全新的解决方案和可能性。

本书共分为 5 章。

第 1 章介绍了 SDN 的基本概念和原理。SDN 通过将网络控制平面与数据转发平面解耦，实现了网络的灵活性和可编程性，为电子政务网络的构建带来了新的思路。

第 2 章深入探讨 SDN 的核心组件、架构，以及 SDN 控制器和网络操作系统的功能和作用。通过学习此章，读者将了解 SDN 技术的具体实现方式，为后续的电子政务网络应用打下坚实的基础。

第 3 章关注电子政务网络的特点和需求。电子政务网络必须具备高度的安全性和稳定性，以满足政府机构和公众对数据保护和隐私保护的重要需求。

第 4 章带领读者探寻 SDN 技术在电子政务网络领域的具体应用案例。这些案例研究涵盖了 SDN 在电子政务网络中的部署，以及安全加固、防御措施、监控和故障恢复、安全准入等关键作用。

第 5 章展望 SDN 技术和电子政务网络的未来发展，探讨了 SDN 技术在电子政务网络中的前景和趋势、SDN 与其他新兴技术（如区块链、人工智能等）的结合，以及 SDN 标准化和政策支持对电子政务网络的影响，以期为读者呈现一个充满活力和创新的前景。

本书的编写旨在为政府部门、科研人员、学生，以及对 SDN 和电子政务网络领域感兴趣的读者提供一份系统而全面的参考资料。希望读者通过对本书的阅读，能够深入了解 SDN 技术在电子政务网络中的应用价值，同时，对网络技术和政府数字化转型的相关问题有更全面的认识。

最后，感谢各位读者对本书的支持与厚爱。我们也由衷地希望本书能为您在电子政务网络领域的学习和研究提供有益的帮助。祝您阅读愉快，收获满满。

目 录

第 1 章　软件定义网络和电子政务网络

第 1 节　SDN 的基本概念和原理

软件定义网络是一种新型网络架构范式，通过将网络控制平面（Control Plane）和数据转发平面（Data Plane）分离，提高网络管理和控制的灵活性、可编程性和可自动化能力。本节将详细介绍 SDN 的基本概念及其工作原理。

1. SDN 的基本概念

SDN 的基本概念是将网络的控制平面和数据转发平面分离，这种分离的设计为网络的控制和管理带来了全新的改变。在传统的网络架构中，网络设备（Network Devices）通常承担着数据转发和网络控制的双重任务。这种集中式的设计模式在一定程度上限制了网络的灵活性和可编程性，同时，也增加了网络管理的复杂性。而 SDN 的出现改变了这种状况，将网络的控制逻辑从网络设备中抽离出来，并集中放置在一个被称为 SDN 控制器（SDN Controller）的中央实体中，而数据转发则由可编程的网络设备（如 SDN 交换机）负责执行。

通过将网络的控制平面和数据转发平面分离，SDN 架构提供了一种灵活、可编程的网络管理方式。在 SDN 架构中，SDN 控制器扮演着网络大脑的角色，负责整个网络的控制和管理。SDN 控制器与网络设备之间通过一种协议进行通信，最常见的协议是 NETCONF（Network Configuration Protocol）配置协议。NETCONF 配置协议定义了控制器与网络设备之间的消息格式和交互过程，使控制器可以向网络设备下发指令，如添加、修改或删除配置信息等，从而实现对数据转发的灵活控制。

在 SDN 架构中，流表（Flow Table）规则起着关键的作用。流表是一种存储在交换机中的数据结构，用于决定数据包的处理方式。控制器通过与交换机的通信，将需要的流表规则下发给交换机。流表规则由匹配字段（Match Fields）、动作和优先级（Priority）组成。匹配字段用于识别数据包的属性，动作定义了交换机对匹配的数据包应该如何处理，而优先级则用于决定多个流表规则之间的顺序。通过编程流表规则，控制器可以灵活地控制数据包的转发行为，实现对网络的动态调整和优化。

当数据包到达交换机时，交换机首先根据流表规则进行匹配，找到与数据包属性相匹配的规则。如果匹配成功，交换机将根据匹配到的规则执行对应的动作，如转发、丢弃、修改头部信息等。这种基于流表规则的转发方式，使网络的数据转发变得高效且可定制。

值得注意的是，如果交换机没有匹配到任何流表规则，它将向控制器发送请求，以对该数据包进行处理。控制器可以根据需要生成新的流表规则，并下发给交换机，从而实现对数据转发行为的控制。这种动态的控制方式使网络的管理方式和调整方式更加灵活，并可以根据实际需求进行动态的配置和优化。

总体来说，SDN 的基本概念是通过将网络的控制平面和数据转发平面分离，实现对网络的灵活控制和管理。在 SDN 架构中，SDN 控制器负责网络的控制和管理，与交换机之间通过协议进行通信，其中一个常见的协议是 NETCONF 配置协议。通过编写和发送 NETCONF 配置指令，控制器可以实现对网络设备的配置和管理。当数据包到达交换机时，交换机可以根据配置指令来处理数据包的转发行为。这种分离的设计使网络的控制变得集中，灵活性增强，并且可以通过软件编程来实现对网络的动态控制和管理。SDN 架构的引入为网络管理和调整带来了全新的方式，提高了网络的灵活性、可编程性和自动化能力。

2. SDN 的工作原理

SDN 的工作原理涉及控制器与交换机的通信、流表规则的编程和数据包的转发过程。

（1）控制器与交换机的通信

控制器是 SDN 的大脑，负责对整体网络的管理和控制。它通常是一个中心化的实体，可以是物理设备或虚拟软件实例。

交换机是网络中的数据传输设备，负责数据包的转发。它可以是传统的硬

件交换机或虚拟交换机。

控制器与交换机的通信是 SDN 的关键部分。使用 NETCONF 协议，控制器可以远程管理和配置交换机，发送指令，获取状态信息以及推送流表规则。

NETCONF 是一种网络配置协议，用于安全地配置和管理网络设备。它通常基于可扩展标记语言（XML），提供一种标准化的方式来执行各种网络操作。

（2）流表规则的编程

控制器使用 NETCONF 协议向交换机发送配置请求，以定义流表规则。这些规则指定了数据包应该如何被处理，包括路由、转发、丢弃等操作。

NETCONF 协议允许控制器动态地创建、修改和删除流表规则，以根据网络需求实时进行调整。

控制器可以基于各种因素制定规则，如源地址、目标地址、端口号、协议类型等。这使得 SDN 可以实现高度灵活的流量控制和路由策略。

（3）数据包的转发过程

数据包的转发过程是 SDN 架构中的关键环节，它实现了网络管理和控制的灵活性和可编程性。在 SDN 中，数据包的转发过程是基于流表规则的匹配和动作执行来实现的。

当数据包到达交换机时，交换机会根据流表规则来决定对数据包的处理方式。流表规则定义了匹配字段、动作和优先级。匹配字段包括源 IP 地址、目标 IP 地址、协议类型、端口号等，用于识别数据包的属性。交换机会按照优先级顺序逐条匹配流表规则，直到找到与数据包属性最匹配的规则。

一旦找到最匹配的规则，交换机将执行与该规则关联的动作。动作可以是转发数据包、丢弃数据包、修改数据包头部信息或者将数据包发送给控制器等。这些动作的执行能够实现各种网络管理和控制策略，如实现流量控制、负载均衡、安全策略等。

如果数据包未能匹配任何流表规则，交换机将无法确定对该数据包的处理方式。此时，交换机会将相关信息发送给控制器，并请求指示。控制器收到交换机的请求后，可以根据网络管理策略和业务需求生成新的流表规则，并将其再次下发给交换机。这样，下次类似的数据包到达时，交换机就能够匹配到相应的流表规则，并执行相应的动作。

需要强调的是，数据包的转发过程是实时进行的，并且具有动态性。SDN 架构下的控制器和交换机通过协议实时通信，从而能够动态地调整流表规则，以适应网络环境的变化。例如在网络拓扑发生变化或链路出现故障时，控制器可以通过与交换机的通信更新流表规则，确保数据包能够按照新的路径正确转发。这种动态的数据包转发机制使得 SDN 架构具备高度的灵活性和可适应性。

此外，数据包的转发过程还可以与其他功能和服务相结合，以实现更智能和高级的网络管理和控制。例如控制器可以基于网络流量状况进行动态的负载均衡决策，将流量引到最佳路径或资源上，从而提高网络性能和资源利用效率。控制器还可以结合流量工程技术，通过优化网络流量的路由和调整，实现对整个网络的优化。

SDN 架构中的数据包转发过程是基于流表规则的匹配和动作执行来实现的。交换机根据流表规则对数据包进行匹配，并根据匹配结果执行相应的动作。若未匹配到规则，交换机将请求指示并将数据包相关信息发送给控制器。控制器可以根据网络管理策略和业务需求生成新的流表规则，再次下发给交换机。数据包转发过程具有实时性和动态性，可以根据网络环境的变化进行调整。此外，数据包转发过程可以与其他功能和服务相结合，实现智能化的网络管理和控制。通过这种灵活和可编程的数据包转发过程，SDN 架构能够实现高效、可靠且可自动化的网络管理和控制。

综上所述，SDN 的工作原理依赖于控制器、交换机和通信协议之间的协同作用。作为网络的大脑，控制器负责智能决策和管理，而交换机则负责实际的数据包传输。NETCONF 协议作为通信工具，确保了这一协同作用的安全性和可管理性，从而实现了 SDN 的灵活性和可编程性。这种架构可以应对不断变化的网络需求，提供更加可控的网络环境。

第 2 节　电子政务网络的需求及其面临的挑战

1. 引言

随着信息技术的迅猛发展和政府数字化转型的不断推进，电子政务网络成为现代政府不可或缺的组成部分。电子政务网络是基于信息技术和网络通信构建起来的一种特定的网络架构，旨在提供高效、便捷、安全的政府服务和公共服务。通过电子政务网络，政府机构可以促进内部协同工作、数据共享和信息管理水平的提高，同时，为公民和企业提供更便捷的电子服务和公共服务。

本节旨在探讨电子政务网络的需求及其面临的挑战。我们已经简单介绍了电子政务网络的背景和意义，强调其在现代政府运作中的重要性。接下来，我们将概述本节内容的目的和结构，让读者有一个整体的认识和预期值。

首先，我们将深入探讨电子政务网络的需求。具体而言，就是如何提高政府机构间通信和协同工作的效率，实现政务信息的集中管理与共享，以及提供便捷的电子服务和公共服务。此外，我们还将探讨电子政务网络对决策制定和政策执行的支持需求。

其次，我们将分析电子政务网络面临的挑战。这些挑战涉及安全性要求和隐私保护、可靠性和可用性，以及技术和基础设施等方面。我们会探讨如何应对这些挑战，以确保电子政务网络的可靠运行和安全性。

最后，我们将探讨电子政务网络发展的策略和解决方案，包括完善的政策和法规支持、技术创新和研发，以及风险管理和应急响应的重要性。我们将强调政府在推动电子政务网络发展方面扮演的角色和承担的责任，并展望未来的发展方向。

通过深入研究电子政务网络的需求及其面临的挑战，我们将为政府和利益相关者提供有价值的见解和指导，促进电子政务网络的可持续发展和应用。

2. 电子政务网络的需求

（1）提高政府机构间通信和协同工作的效率

在现代社会中，政府机构间的高效通信和协同工作对推动政府治理和提高公共服务的有效性至关重要。传统的通信方式往往受到时间和空间的限制，而电子政务网络的出现为政府机构间的通信和协同工作提供了全新的解决方案。电子政务网络作为一种基于信息和通信技术的网络架构，具有以下重要性和优势：

①实现实时和即时通信

通过电子政务网络，政府机构间可以实现实时和即时的通信。无论是在地理上相隔甚远的机构间还是在同一地区的不同办公室之间，通过网络连接，政府人员可以以更快的速度进行交流和沟通，大大缩短信息传递的时间。

②提供多样化的通信工具

电子政务网络可以提供各种通信工具和应用程序，例如电子邮件、即时消息、视频会议等。这样，政府机构可以根据具体情况选择合适的通信工具，提高沟通的效率和效果。

③实现信息共享和知识管理

电子政务网络为政府机构间的信息共享和知识管理提供了平台。政府机构可以通过网络，将重要信息、文件和数据共享给需要的相关机构，避免了烦琐的纸质文件传递和邮寄过程，提高工作效率和信息的准确性。

④促进协同工作和合作

电子政务网络通过提供协同工作平台和工具，促进了政府机构间的协同工作和合作。政府机构可以在网络上共享文档，创建任务和项目，进行协同编辑等，从而提高团队之间的合作效率和质量。

为了实现政府机构间的高效通信和协同工作，应采取以下一些关键步骤和措施：

①建立统一的电子政务平台

政府机构可以建立一个统一的电子政务平台，提供各种通信工具和协同工作应用程序。该平台应具备安全性、可靠性和易用性，能够满足政府机构的各种通信和协同工作需求。

②促进标准化和互操作性

政府机构应促进通信和数据交换的标准化，以确保各个机构间的互操作性。通过遵循共同的标准和协议，政府机构可以实现不同系统之间的无缝集成和数据交换，提高通信和协同工作的效率。

③提供培训和支持

政府机构应提供培训和支持，帮助工作人员熟练掌握使用电子政务网络平台和工具的技巧，包括培训工作人员使用电子邮件、即时消息、协同编辑工具，以及解决工作人员在使用过程中遇到的问题和困难等。

④强调信息安全和数据保护

在电子政务网络中，信息安全和数据保护至关重要。政府机构应制定和实施严格的安全措施，确保敏感信息的保密性和完整性，以及网络的防御能力。这可以通过使用加密技术、访问限制、身份验证等手段来实现。

⑤持续改进和优化

政府机构应定期评估和改进电子政务网络的效率和功能，包括收集用户反馈，进行系统性能优化，引入新的技术和工具等，以不断提高政府机构间通信和协同工作的效率。

通过电子政务网络实现政府机构间的高效通信和协同工作，可以提高政府治理的效率和公共服务的质量。这种网络连接的方式不仅加速了信息传递和决策制定的过程，还促进了政府机构间的合作和协同工作，能够为公众提供更高效和便利的服务。

（2）实现政务信息的集中管理与共享

电子政务网络在数据集中管理和共享方面发挥着重要作用。政府机构通常需要处理大量的政务信息，包括公共服务数据、政策文件、统计数据等。传统的数据管理方式存在着分散、冗余和难以共享的问题，限制了政府机构之间的协同工作和信息共享。而电子政务网络通过提供集中管理和共享平台，解决了这些问题，带来了诸多便利。

首先，电子政务网络实现了政务信息的集中管理。政府机构可以将各自的数据集中存储在网络中心数据库中，进行统一管理和维护。这样做不但避免了数据的分散存储和管理，而且减少了数据冗余，提高了数据的一致性和准确性。同时，集中管理的数据更容易进行备份和恢复，提高了数据的安全性和可靠性。

其次，电子政务网络促进了政务信息的共享。通过共享平台，政府机构可以方便地将需要共享的数据提供给其他机构访问和使用。这种信息共享带来了诸多好处。一是政府机构间能够更快捷地获取和利用其他机构的数据，提高了工作效率和决策质量。二是信息共享可以避免数据的重复采集，减少了重复工作和资源浪费。三是共享政务信息能够促进政策的协调和整合，实现更加高效和一致的政务服务。

然而，政务信息的共享也面临一些挑战，需要应对并解决。

首先，数据共享涉及数据的隐私和安全问题。政府机构在共享数据时需要确保数据隐私得到保护，防止数据泄露和被滥用。因此，需要建立严格的数据隐私保护机制，并采取安全控制措施，确保共享数据的安全性。

其次，数据共享涉及不同政府机构间的数据格式和标准的统一。不同机构使用的数据格式和标准可能存在差异，对实现数据共享和集成造成困难。为了解决这个问题，需要制定统一的数据交换标准和数据格式规范，以便各个机构能够顺利共享和集成数据。

最后，政务信息的共享还需要解决权限管理和数据所有权的问题。政府机构需要明确数据的使用权限和授权机制，确保只有合法授权的机构能够访问和使用数据。同时，还需要明确数据的所有权和责任，以防止数据被滥用和侵权行为。

为了应对这些挑战，建立一个完善的数据共享框架是必要的。这个框架包括数据隐私保护的法律法规和技术手段、统一的数据交换标准和格式规范，以及明确的权限管理和数据所有权规定。此外，政府机构还需要加强对数据共享的监管和监督，确保数据共享的合规性和安全性。

总体来说，电子政务网络通过实现政务信息的集中管理和共享，提供了更加高效和便捷的数据管理方式。数据共享带来了诸多好处，包括提高工作效率，减少数据冗余和资源浪费，促进政策协调一致等。然而，数据共享也面临着隐私和安全、数据格式和标准的统一，以及权限管理和数据所有权的挑战等问题。为了应对这些挑战，需要建立完善的数据共享框架，包括隐私保护机制、统一的数据交换标准和格式规范，以及明确的权限管理和数据所有权规定。

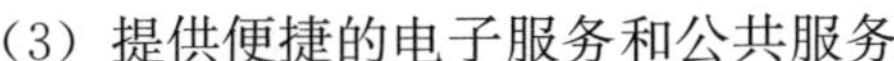
（3）提供便捷的电子服务和公共服务

电子政务网络在提供电子服务和公共服务方面发挥着重要作用。随着信息技术的快速发展，政府机构和公共部门越来越倾向于将传统的纸质服务转变为数字化的电子服务，以提供更高效、更便捷和可访问的公共服务。下面将探讨电子政务网络在电子服务和公共服务方面的作用以及如何通过网络实现便捷的电子服务和公共服务。

电子政务网络在电子服务和公共服务方面的作用：

①提高便利性和可访问性

电子政务网络可以通过在线平台和应用程序提供各种电子服务，使公众能够随时随地方便地获取所需的政府服务，而无须前往实体办公地点。

②加快服务处理速度

电子政务网络的自动化和数字化特性可以提高政府服务的处理速度。公众可以通过在线提交申请、填写表格、完成支付等步骤，实现快速办理服务事项，避免了烦琐的纸质流程。

③优化用户体验

通过电子政务网络，政府可以提供在线平台的用户界面和交互设计，使公众能够轻松使用各种电子服务。同时，通过个性化的服务推送和反馈机制，政府可以更好地了解公众需求，改进服务质量（QoS）。

通过网络实现便捷的电子服务和公共服务，应做到以下几点：

①建立统一的在线平台

政府可以建立统一的在线平台，集成各个部门的电子服务，使公众能够在同一个平台上获取各种服务。这样可以避免公众在不同部门之间反复跳转，从而提高便捷性。

②优化用户界面和交互设计

通过用户研究和用户反馈，政府可以优化在线平台的用户界面和交互设计，使公众能够轻松地浏览、搜索和使用各种电子服务。简洁明了的界面、清晰的导航和友好的操作流程能够提升用户体验。

③提供个性化的服务

政府可以利用用户数据和技术手段，为公众提供个性化的电子服务。根据用户的需求和历史记录，推送相关的服务信息和通知。这种个性化服务可以提高公众满意度，并促使公众更频繁地享受电子服务。

④强化安全保障措施

为了建立公众对电子服务的信任，政府需要加强安全保障措施，确保公众的个人信息和交易数据的安全。可以采用加密技术、身份验证机制和安全审计等措施，保护用户的隐私和信息安全。

⑤提供多渠道的访问方式

政府应该提供多种访问电子服务的渠道，包括网站、移动应用、短信、电话等，以满足不同用户的需求和偏好。这样可以更好地覆盖公众，提高电子服务的普及度和可及性。

通过电子政务网络提供便捷的电子服务和公共服务，可以实现政府机构和公共部门与公众之间的无缝衔接。公众能够方便地获取所需的政府服务，同时，政府也能够提供更高效、更富有个性和更贴近公众需求的服务。这将进一步推动电子政务的发展，提高政府的治理能力和服务水平。

（4）支持决策制定和政策执行

电子政务网络在决策制定和政策执行方面扮演着重要角色。现代政府面临着复杂的挑战和快速变化的环境，需要快速、准确地制定决策和执行政策以应对这些挑战。电子政务网络通过提供高效的信息交流和协同工作平台，以及数据的集中管理和共享，能够支持决策制定和政策执行。

首先，电子政务网络为决策制定提供了更全面和更准确的信息基础。政府机构在制定决策时，需要依赖大量的数据和信息，而传统的手工收集和整理数据的方式往往耗时费力，且容易出现数据不一致或过时的情况。通过电子政务网络，政府可以建立统一的数据存储和管理系统，实现政府部门之间的数据共享和协同，从而提供更准确、更及时的信息支持。这样，决策制定者可以基于实时和准确的数据进行分析和评估，做出更明智的决策。

其次，电子政务网络提供了协同工作的平台，促进了政府部门之间的合作和沟通。政府决策往往需要多个部门的参与和协同，而传统的沟通方式存在信息传递不及时、沟通效率低下的问题。通过电子政务网络，政府部门可以实现即时通信、在线会议和文档共享，促进跨部门的协同工作。这样，决策制定者可以更好地获取各个部门的意见和建议，加强决策的全面性和可行性。

再次，电子政务网络还能够提供数据分析和决策支持的工具。通过网络技术和数据分析算法，政府可以对大量的数据进行挖掘和分析，发现潜在的模式和趋势，从而为决策制定者提供决策支持。例如政府可以利用大数据分析技术，对社会经济数据进行预测和趋势分析，以便更好地了解社会发展的动态和变化，从而制定相应的政策措施。

最后，电子政务网络还可以提供政策执行的监控和评估机制。政府制定的政策需要落地和执行，而政策执行过程中往往存在督查和评估的需求。通过电子政务网络，政府可以建立监控系统和数据反馈机制，及时了解政策执行的进展和效果。这样，政府可以根据实际情况进行调整和改进，提高政策的执行效果。

综上所述，电子政务网络对决策制定和政策执行具有重要的支持作用。它提供了更全面、更准确的信息基础，促进了政府部门之间的协同工作，提供了数据分析和决策支持的工具，以及监控和评估政策执行的机制。通过充分利用网络技术，政府可以更高效、更精确地制定决策和执行政策，提高政府的决策能力和行政效能。

3. 电子政务网络面临的挑战

(1) 安全性要求和隐私保护

在电子政务网络中，安全性是至关重要的要求，它涉及政府机构和公民的敏感信息、业务数据，关系到政府运作的稳定性和可信度。因此，确保电子政务网络的安全成为一项重要的任务。本节将探讨电子政务网络中的安全性要求和挑战，并讨论针对数据保护和隐私保护的安全措施及所要应对的挑战。

在电子政务网络中，安全性要求主要体现在以下几个方面：

① 机密性

保护政府机构和公民的敏感信息不被未授权地访问和披露。这些信息包括政府机密文件、个人身份信息、财务信息等。

② 完整性

确保数据在传输和存储过程中不被篡改或损坏。数据的完整性是确保数据的准确性、一致性和可信度的重要保障。

③可用性

保证电子政务网络的服务能够持续可用，防止服务中断或被拒绝服务攻击（DoS），确保政府机构和公民能够正常使用电子政务网络。

④可信度

建立对电子政务网络的信任，确保政府机构和公民对网络中的数据和交互过程有信心，增强网络的可靠性和合法性。

为了满足电子政务网络的安全性要求，需要采取一系列的安全措施来保护数据和隐私。以下是一些常见的安全措施：

①访问控制

通过实施适当的身份验证和授权机制，确保只有经过授权的用户可以访问和操作系统，查看和修改数据，还可以采用强密码策略、多因素身份验证、访问权限管理等。

②数据加密

使用加密算法对敏感数据进行加密，保证数据在传输和存储过程中的机密性和完整性。加密技术能够有效防止数据被非法获取和篡改。

③安全审计和监控

建立全面的安全审计和监控机制，对网络活动和数据访问进行实时监测和日志记录，及时发现异常行为和安全事件。

④威胁检测和防御

采用威胁检测系统和防火墙等安全设备，实时检测和阻止潜在的网络威胁和攻击，提高系统的安全性和稳定性。

⑤员工培训和意识提高

加强员工的安全意识和技能培训，提高对安全风险的识别和防范能力，减少人为因素对安全的威胁。

在实施数据保护和隐私保护的过程中，仍然存在一些挑战需要克服：

①复杂性和多样性

电子政务网络涉及多个部门、系统和数据源，具有复杂的体系结构和多样的数据格式。管理和保护这些多样化的数据和系统是一项复杂的任务。

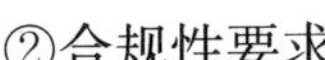

②合规性要求

电子政务网络需要遵守各种法规等合规性要求，如数据保护法、隐私法等。确保网络合规性的同时，保护数据和隐私，也是一大挑战。

③新兴威胁和攻击

随着技术的不断发展，恶意攻击和威胁也在不断演变。网络需要及时应对新兴的威胁和攻击手段，保证安全性。

④隐私保护与便利性的平衡

在提供便捷的电子服务的同时，如何保护用户的隐私成为一大挑战。需要寻找隐私保护与便利性之间的平衡点。

电子政务网络面临着安全性和隐私保护的挑战。为满足安全性要求，需要采取一系列的安全措施，如访问控制、数据加密、安全审计和监控等。然而，在数据保护和隐私保护方面仍然存在挑战，如复杂性和多样性、合规性要求、新兴威胁和攻击、隐私保护与便利性之间的平衡等。为了克服这些挑战，需要综合运用技术、政策和培训等手段，确保电子政务网络的安全性，加大隐私保护力度，增强政府机构和公民对网络的信任。

（2）电子政务网络的可靠性和可用性

电子政务网络的可靠性和可用性是保证其正常运行和提供稳定服务的关键要素。政府机构和公众对电子政务网络的依赖性越来越高，因此，确保电子政务网络的可靠性和可用性对于满足用户需求、保护数据安全和保障公共利益至关重要。下面将探讨电子政务网络的可靠性和可用性需求，并提供一些应对故障和灾难恢复的解决方案。

电子政务网络的可靠性要求网络在面对各种故障和异常情况时，能够保持高度可靠的运行状态。以下是一些电子政务网络的可靠性和可用性需求：

①高度的连通性

电子政务网络应确保政府机构之间的持续通信和协同工作。网络中的所有节点应始终保持连接状态，并能够快速响应请求和完成数据传输。

②弹性和容错性

电子政务网络应具备弹性和容错性，即在面对部分节点故障或链路中断时，网络能够自动调整和恢复，确保数据和服务持续可用。

③高负载处理能力

电子政务网络需要具备处理大量用户请求和数据流量的能力。网络应能够承受高峰时段的流量压力，并保持良好的性能和响应速度。

④数据的完整性和一致性

电子政务网络应保证数据的完整性和一致性。在数据传输和存储过程中，需要采取有效的机制来防止数据丢失、损坏或被篡改。

为了确保电子政务网络的可靠性和可用性，需要采取一系列措施来应对故障和灾难恢复。以下是一些解决方案：

①冗余和备份

通过在网络架构中引入冗余和备份机制，可以提高网络的可靠性。例如使用冗余链路和设备，当主链路或设备出现故障时，数据流可以快速切换到备份路径或备用设备。

②负载均衡和容灾机制

使用负载均衡技术可以将流量均匀地分配到多个服务器或设备上，提高系统的整体性能和可靠性。容灾机制可以在主节点出现故障时自动将流量切换到备用节点，确保服务持续可用。

③监控和故障诊断

建立有效的网络监控系统，实时监测网络设备、链路和服务的运行状态。通过监测和故障诊断，可以及时发现并解决潜在的故障和异常情况，确保网络的稳定性和可靠性。

④灾难恢复和业务连续性计划

制订完善的灾难恢复和业务连续性计划，以应对自然灾害、人为错误或恶意攻击等突发事件。通过备份数据，设置紧急响应流程和建立备用基础设施，可以最大限度地减少故障对网络运行的影响。

⑤安全性措施

网络安全是确保网络可靠性和可用性的关键要素。采取有效的安全措施，如防火墙、入侵检测和防御系统、加密通信等，可以防止恶意攻击和未经授权的访问，确保网络数据的安全性和完整性。

综上所述，为了满足电子政务网络的可靠性和可用性需求，需要采取一系列措施来保证网络的稳定运行，确保其持续提供服务。通过冗余和备份、负载均衡和容灾机制、监控和故障诊断、灾难恢复和业务连续性计划及安全性措施，可以最大限度地减少故障对网络的影响，并确保数据的安全性和可用性。这些解决方案为电子政务网络提供了可靠和稳定的基础，以满足政府和公众对高效、可靠、安全的电子服务的需求。

电子政务网络的成功建设和运行，依赖于先进的技术和健全的基础设施。下面将探讨电子政务网络面临的技术需求和挑战，以及如何构建和维护具备足够技术和基础设施的电子政务网络。

（3）电子政务网络面临的技术需求和挑战

电子政务网络作为一个复杂的网络体系，面临着多样化的技术需求和挑战。

首先，安全性是电子政务网络的重要需求之一。政府机构需要处理大量敏感和机密信息，因此，网络必须具备强大的安全机制来保护数据和防范网络攻击，包括加密通信、访问控制、身份认证和授权等安全措施的实施。

其次，强化可扩展性和性能是电子政务网络所面临的挑战。政府机构的规模庞大，涉及的用户和服务不断增加，因此，网络必须具备良好的可扩展性，能够支持大规模用户的接入和高并发的数据传输。此外，对网络的性能要求高，要能够快速、可靠地处理和传输大量的数据。

再次，互操作性也是一个重要的技术需求。政府机构通常使用不同的系统和平台，因此，电子政务网络必须具备互操作性，能够无缝地集成各种不同的系统和应用程序。这需要采用标准化的接口和协议，以实现不同系统之间的数据交换和通信。

最后，还有一个重要的技术需求是灵活性和可编程性。电子政务网络需要根据政府机构的需求进行定制和配置，以满足不同部门和应用的特定要求。这要求网络具备灵活的架构和可编程的控制平面，以便快速适应不断变化的需求和政策。

为了构建和维护拥有较强技术和基础设施的电子政务网络，需要采取一系列策略和措施。

首先，建立健全的网络基础设施是关键。政府需要投资网络设备、服务器、存储系统和通信设施等关键基础设施建设，以满足电子政务网络的需求。这包括建设高速宽带网络、数据中心和云计算平台等基础设施。

其次，采用先进的网络技术和标准是至关重要的。政府应该积极采用最新的网络技术，如 SDN、网络功能虚拟化（NFV）和 5G 通信技术，以提高网络的灵活性、可扩展性和其他性能。此外，采用行业标准和开放协议可以确保互操作性，促进不同系统的集成和数据交换。

再次，网络安全是构建电子政务网络的重中之重。政府应该制定和执行严格的网络安全策略，包括使用防火墙、入侵检测和防御系统、数据加密、身份认证和访问控制等措施，以保护政府机构的信息资产和网络安全。

从次，政府还应该积极推动技术研发和创新，以满足不断变化的需求。政府可以与学术界、研究机构和相关行业合作，促进新技术的研究和开发，并支持创新型企业和初创公司的发展，以推动电子政务网络的技术进步和创新。

最后，培养技术人才和提升人才技术是关键。政府应该重视技术人才的培养，通过培训和制订教育计划提高技术团队的能力，以确保电子政务网络的有效运行，并设专人对网络进行维护。

电子政务网络的成功建设和运行，依赖于先进的技术和健全的基础设施。电子政务网络面临着安全性、可扩展性、互操作性和灵活性等多样化的技术需求和挑战。为了构建和维护具备足够技术和基础设施的电子政务网络，政府应该建立健全的网络基础设施，采用先进的网络技术和标准，重视网络安全，推动技术研发和创新，培养和选拔技术人才。通过这些策略和措施，电子政务网络可以得到有效的建设和运营，为政府机构提供高效、安全、可靠的网络服务和支持。

4. 电子政务网络发展的策略和解决方案

（1）完善的政策和法规支持

政府的支持政策和法规对电子政务网络的发展至关重要。通过制定完善的政策和法规，政府可以提供明确的指导和规范，促进电子政务网络的建设和运营，保障其安全、可靠和可持续发展。下面将探讨政府支持电子政务网络发展的政策和法规，并介绍如何制定完善的政策和法规以促进电子政务网络的发展。

政府对电子政务网络发展的支持政策，包括以下几个方面：

①制定推动电子政务网络建设的政策

政府可以制定推动电子政务网络建设的政策，鼓励政府机构采用信息技术和网络基础设施，提高政务服务的质量和效率。这些政策可以包括财政支持、技术标准的制定、资源共享和协同合作等方面，以此来促进电子政务网络的快速发展。

②保障电子政务网络的安全和用户隐私

电子政务网络涉及大量的政府数据和个人信息，因此，政府需要制定相应的政策和法规来保障电子政务网络的安全和用户隐私。这些法规可以涉及数据加密、访问控制、身份认证、风险评估和合规性监管等方面，以确保电子政务网络的数据和信息得到妥善保护。

③提供数字基础设施和网络覆盖支持

政府可以通过投资建设数字基础设施和扩展网络覆盖，为电子政务网络提供良好的技术基础和通信环境。政府的支持可以包括光纤网络的铺设、无线网络的建设和改进、宽带接入的普及等方面，以保证电子政务网络的畅通性和可用性。

④建立跨部门协调机制

电子政务网络涉及多个政府部门和机构间的协同合作，因此，政府需要建立跨部门协调机制，促进信息共享和协同工作。政府可以通过制定政策和法规，规范不同部门之间的数据共享和信息交换，降低信息壁垒，促进政务服务的整合和提升。

为了制定完善的政策和法规以促进电子政务网络的发展，需要考虑以下几点：

①明确政策目标和可行性

制定政策和法规时，政府需要明确电子政务网络发展的目标和方向，并确保这些目标是可行和可量化的。政策的目标应与国家发展战略和信息化发展规划一致，为电子政务网络的建设和应用提供明确的指导。

②法规制定的合法性和适用性

制定与电子政务网络相关的法规时，政府需要确保其合法性和适用性。法规应基于国家法律体系和信息安全法规定，充分考虑电子政务网络的特点和需求，以确保法规能够在实际应用中起到有效的指导和监管作用。

③参与利益相关方的广泛讨论并征集他们的意见

制定政策和法规时，政府应积极与利益相关方进行广泛的讨论并征集他们的意见。利益相关方可以包括政府机构、企业、学术界、民间组织以及公众等。他们的意见和建议能够为政府制定科学合理的政策和法规提供重要参考。

④加大监管和执行力度

制定政策和法规只是第一步，政府还需要加大监管和执行力度，确保政策和法规的有效实施。政府应建立健全的监管机制，加强对电子政务网络的监测和评估，及时发现和解决问题，保障政策和法规的落地和执行。

通过制定完善的政策和法规，政府能够为电子政务网络的发展提供明确的指导和规范，推动网络的安全、可靠和可持续发展。政府的政策和法规支持应注重与国家发展战略和信息化发展规划的衔接，兼顾各方利益，确保电子政务网络能够为政府和公众提供高效便捷的电子服务，推动社会信息化进程。

（2）技术创新和研发

技术创新对电子政务网络的发展具有重要意义。随着科技的不断进步和应用，新兴技术的出现为电子政务网络提供了更广阔的发展空间和更高的效能。下面将探讨技术创新对电子政务网络的重要性，并提出鼓励技术研发和创新的方法，以推动电子政务网络的进步。

技术创新是电子政务网络发展的关键推动力。以下是技术创新对电子政务网络的几个重要作用：

①提升效率和便利性

技术创新可以提供更高效和更便捷的解决方案，使得政府机构能够更快速地处理和传递信息。例如引入人工智能（Artificial Intelligence，AI）和自动化技术可以加速数据处理和分析过程，提高决策效率。

②提升安全性

随着网络威胁的不断增加，技术创新可以提供更强大的安全措施和防护机制，保护电子政务网络免受恶意攻击和数据泄露的威胁。例如引入区块链技术可以增强数据的透明性和安全性。

③拓宽服务范围

技术创新可以开创新的服务模式和渠道，拓宽电子政务网络提供的服务范围。例如移动应用和物联网技术可以让市民通过移动设备或智能产品便捷地获取政府服务。

④支持可持续发展

技术创新可以推动电子政务网络向可持续方向发展。例如引入绿色技术和智能能源管理系统可以提高能源利用效率，降低碳排放。

为了鼓励技术研发和创新，推动电子政务网络的进步，可以采用以下一些方法和策略：

①政策支持

政府可以出台相关政策，为技术创新和研发提供支持和鼓励。这包括提供研发经费，制定优惠政策，设立研究机构等。政策支持可以激励企业和研究机构投入更多资源和精力来开展相关技术的创新和研发。

②开放合作

鼓励政府、学术界、企业和社会组织之间的开放合作，促进技术交流和资源共享。政府可以建立创新生态系统，提供平台和机制，使不同领域的专业人才和机构合作开展技术研发和创新项目。

③奖励机制

设立奖励机制，如科技创新奖励和科技成果转化奖励，鼓励和表彰在电子政务网络领域做出杰出贡献的个人和团队。奖励机制可以激发技术人才的创新热情，推动技术研发的进展。

④学习和培训

加强对技术人才的培养，为其提供学习机会，设置专业知识和技能的培训课程。政府可以与高等教育机构和研究中心合作，开展相关培训计划，以培养具备技术创新和研发能力的人才。

⑤创新投资和孵化

政府可以设立创新基金或支持科技创新孵化器，提供资金和资源支持初创企业和创新项目。这将为技术创新和研发提供更多的机会和资源，促进创新成果的转化和商业化。

⑥推动国际合作

积极参与国际合作，与其他国家和地区分享经验和资源。政府可以与国际组织合作，共同开展跨国技术创新项目，推动电子政务网络的国际化和标准化。

技术创新对电子政务网络的发展至关重要。它可以提高效率和便利性及安全性，拓宽服务范围，并支持可持续发展。为了推动技术创新和研发，政府可以通过政策支持、开放合作、奖励机制、学习和培训、创新投资和孵化，以及推动国际合作等手段来鼓励和促进技术创新和研发，从而推动电子政务网络的进步。这将为政府提供更高效、更安全和更便捷的电子服务，为公民和企业创造更好的生活和商业环境。

（3）风险管理和应急响应

风险管理在电子政务网络中起着关键的作用。随着电子政务网络的发展和应用范围的扩大，各种潜在的风险和威胁也随之增加。这些风险可能包括网络安全漏洞、数据泄露、网络故障、恶意攻击等。因此，建立健全的风险管理和应急响应机制对确保电子政务网络的稳定运行和安全性至关重要。

风险管理是一个系统的、完整的循环过程，旨在识别、评估、减轻和控制潜在风险。在电子政务网络中，风险管理包括以下关键方面：

①风险识别和评估

对电子政务网络进行全面的风险识别和评估，包括对网络的各个方面进行全面的分析，识别可能的威胁和漏洞。通过对网络结构、系统组件、数据流程、用户访问等进行评估，可以确定潜在风险的来源和影响程度。

②风险分析和优先级确定

在识别和评估风险之后，需要进行风险分析，确定不同风险的优先级。这可以帮助决策者更好地了解哪些风险将对电子政务网络的安全性和可用性产生更大的影响，从而制定相应的风险应对策略。

③风险减轻和控制策略

基于风险评估的结果，可以制定相应的风险减轻和控制策略。这包括技术措施（如网络安全防护、加密通信、访问控制）、组织措施（如制定安全政策、培训人员、建立审计机制）以及合规性措施（如遵循相关法规、标准和最佳实践）等。通过采取适当的措施，可以降低风险的发生概率和影响程度。

④持续监测和评估

风险管理是一个持续的过程，需要进行定期的监测和评估。这可以帮助人们及时发现和应对新的风险，以及评估现有风险管理策略的有效性。通过建立风险管理指标和监测机制，可以及时识别潜在的风险事件，并采取相应的措施进行处理。

应急响应是在风险发生时迅速采取行动，以减轻损失和恢复正常运营的过程。在电子政务网络中，应急响应是应对网络安全事件、系统故障、自然灾害等突发事件的关键环节。以下是建立健全的应急响应机制的关键步骤：

①事件响应计划

制订完善的事件响应计划，明确各个责任方的职责和行动方案。计划应包括紧急联系人列表、应急资源准备、沟通流程和决策层级等。

②事件监测和检测

建立实时监测和检测机制，及时发现潜在的安全威胁和系统故障。这可以通过安全事件日志分析、入侵检测系统、监控工具等实现。

③事件响应和处理

在事件发生时，及时启动应急响应计划，采取相应的行动来隔离、调查和解决问题。这可以包括网络隔离、恢复备份系统、修复漏洞、追踪攻击来源等。

④事后评估和学习

事件发生后，进行事后评估和学习，总结经验教训，改进应急响应机制和风险管理策略。这有助于提高应对未来事件的能力和效率。

总体来说，风险管理和应急响应是确保电子政务网络稳定运行和安全性的关键环节。通过建立健全风险管理机制，可以识别、评估和控制潜在风险。而有效的应急响应机制能够在风险事件发生时迅速采取行动，减轻损失和恢复正常运营。这些措施的综合应用可以为电子政务网络提供更高的安全性和稳定性，从而有效推动电子政务的发展。

5. 总结

本节深入探讨了电子政务网络的需求及其面临的挑战。电子政务网络作为一种新型网络架构，为政府机构提供了高效的通信和协同工作方式，实现了政务信息的集中管理与共享，提供了便捷的电子服务和公共服务，以及支持决策制定和政策执行。然而，电子政务网络也面临着一系列挑战，包括安全性要求和隐私保护、可靠性和可用性，以及技术和基础设施等方面的挑战。

在未来的发展中，我们需要制定完善的政策和法规，为电子政务网络提供更好的支持和保障。同时，技术创新和研发是推动电子政务网络发展的关键，我们需要不断引入新技术，推动创新，以应对不断变化的需求和挑战。此外，建立健全的风险管理和应急响应机制也至关重要，以应对潜在的风险和威胁。

展望未来，电子政务网络将继续发展和演进，以满足不断增长的政务需求。随着数字化技术的不断进步，我们可以预见电子政务网络将变得更加智能化、高效化和可靠化。同时，随着新兴技术如人工智能、大数据分析等的发展，电子政务网络将与这些技术相结合，提供更多创新的功能和服务。未来，我们期待看到电子政务网络在促进政务服务现代化，提高公共服务水平和实现社会发展目标方面发挥更大的作用。

总之，分析电子政务网络的需求及其面临的挑战是一个复杂而多样化的领域。我们需要持续关注和解决电子政务网络中存在的各种问题，并积极寻求创新和合作的机会。通过不断努力，我们将能够构建更强大、更安全、更高效的电子政务网络，实现数字化时代的政务创新和发展。

第 2 章　软件定义网络的架构和技术

第 1 节　SDN 的核心组件和架构

1. SDN 的产生背景和目标

（1）SDN 的产生背景

在 SDN 出现之前，传统的网络架构采用分布式的控制方式，即由网络设备（例如交换机和路由器）上搭载的操作系统负责管理网络的路由和转发功能。这种传统架构存在一些限制条件，其中包括以下几个方面：

①垂直集成和硬件依赖

传统网络设备的硬件和软件是紧密耦合的，常常由同一家供应商提供。这导致其缺乏灵活性和可扩展性，因为网络管理员无法根据特定需求选择最适合的硬件和软件组件。

②缺乏统一的控制和管理

传统网络中的每个设备都有自己独立的管理界面和控制逻辑。这使网络管理变得复杂，难以实现统一的网络策略和配置。网络管理员需要逐个进行设备的配置和管理，增加了工作量和错误的风险。

③静态的网络配置

传统网络的配置是静态的，一旦网络拓扑发生变化或出现故障，网络管理员就需要手动更新配置。这种静态的配置方式无法适应动态和快速变化的网络需求，导致网络的故障恢复和适应性能力受限。

④缺乏可编程性和创新性

传统网络设备的功能和行为是固化在设备硬件和操作系统中的，无法灵活地根据应用需求进行定制和扩展。这限制了网络的创新能力和适应新兴技术（例如云计算、大数据和物联网等）的能力。

SDN作为一种新型网络架构和范式，旨在解决传统网络架构所面临的问题。通过将网络的控制逻辑从传统设备中分离出来，SDN引入了一个集中式的控制器，负责管理和控制整个网络的行为。这样的架构提供了以下优势和核心思想：

①集中化的控制和管理

SDN架构将网络的控制平面集中到一个控制器中，实现了全局的网络视图和统一的网络策略。网络管理员可以通过控制器进行集中式的配置、管理和监控，从而提高网络管理的效率和灵活性。

②可编程性和创新性

SDN架构将网络的数据平面（Data Plane）和控制平面分离，使得网络设备变得可编程和可定制。通过编写控制器上的应用程序，网络管理员可以根据具体需求对网络进行编程和定制，实现更高级的网络功能和服务。

③动态的网络适应性

SDN架构支持灵活的网络配置和自动化的网络管理。通过控制器的智能算法和网络编程能力，网络可以根据实时的网络状态和需求进行自适应调整，提供更好的网络性能和服务质量。

总体来说，SDN的出现是为了克服传统网络架构的局限性，提供更灵活、可编程和易管理的网络解决方案。通过引入集中式的控制器和分离数据平面与控制平面，SDN架构为网络提供了更高级的功能和创新的可能性。

（2）SDN的定义和核心思想

SDN是一种网络架构和管理方法，其核心思想是将网络的控制平面和数据平面分离，通过集中的控制器对网络进行编程和管理。SDN有助于应对传统网络架构所面临的挑战，并提供了更灵活、可编程和可扩展的网络管理方式。

在传统的网络架构中，网络设备（如交换机和路由器）负责同时承担控制平面和数据平面的功能。这导致了一些问题，例如网络设备之间的协调性和一致性问题，以及网络管理和配置的复杂性。此外，传统网络的功能和策略通常是硬编码在网络设备中的，导致网络的变更和创新变得困难且耗时。

SDN 的核心思想是将网络的控制逻辑集中到一个或多个中央控制器中，这些控制器通过与数据平面交互来管理和编程网络。控制器可以通过配置协议（如 NETCONF）与网络设备通信，动态地控制流量转发、配置策略和管理网络拓扑。通过集中的控制器，网络管理员可以通过软件编程的方式对整个网络进行灵活的配置和管理，从而实现网络的可编程性和可自动化。

SDN 为网络管理带来了许多好处。它使网络更加灵活和可定制，可以根据应用需求进行动态调整和优化。同时，SDN 还提供了网络的可视性和集中式的管理方式，简化了网络管理任务，并加快了故障排除过程。此外，SDN 还为创新和新业务模型提供了更好的支持，使网络能够更好地适应不断变化的应用需求。

总之，SDN 通过控制平面与数据平面的分离，以及集中式的网络编程和管理方式，提供了更灵活、可编程和可扩展的网络架构和管理方法。这为网络的创新和发展带来了巨大的机遇，并为应对传统网络架构所面临的挑战提供了新的解决方案。

（3）SDN 的目标和优势

SDN 作为一种网络架构和技术范式，旨在实现网络的灵活性、可编程性、集中管理和自动化。它带来了许多重要的优势，为网络架构和运维带来了革命性的变化。

首先，SDN 的目标是提高网络的灵活性和可编程性。传统网络的架构通常是基于专用硬件和分布式控制的，这限制了网络的可调整性和可扩展性。SDN 通过将网络控制平面与数据平面分离，引入了集中的控制器，使网络变得更加灵活和可编程。这使得网络管理员能够根据应用需求轻松地配置、管理和调整网络，而无须手动配置每个网络设备。SDN 还支持网络编程，使开发人员能够通过编写应用程序来控制和定制网络行为，从而更好地满足特定业务的需求。

其次，SDN 实现了网络的集中管理和自动化。传统网络的管理和配置通常基于分散的命令行界面和设备级别，这种方式在大规模网络中往往变得复杂且容易出错。SDN 通过引入集中的控制器，提供了一种集中管理网络的方法。管理员可以使用控制器来配置和管理整个网络，而不是逐个对设备进行配置。此外，SDN 还支持自动化，可以通过编写脚本或应用程序来使网络操作自动化，从而提高网络管理的效率和准确性。

SDN 的这些目标和优势存在许多重要的作用。首先，SDN 使得网络更加灵活，满足可适应变化的需求。通过集中控制和应用程序编程接口（API，以下简称编程接口），SDN 可以根据应用需求对网络进行快速配置和调整，从而达到更高的灵活性和适应性。其次，SDN 大大简化了网络管理的复杂性。通过集中管理和自动化，SDN 减少了手动配置的工作量，提高了管理的效率，并降低了网络故障的风险。最后，SDN 为网络创新和发展提供了更大的空间。通过网络编程和应用开发接口，SDN 可以支持新的网络功能和服务的快速部署，促进了网络技术的创新和进步。

总体来说，SDN 的目标是提高网络的灵活性和可编程性，并实现网络的集中管理和自动化。这些目标带来了诸多优势，包括提高网络灵活性和可适应性，简化网络管理，以及促进网络创新和发展。SDN 的引入改变了传统网络的架构和运维方式，为构建更智能、更高效和可扩展的网络提供了强大的工具和平台。

①提高网络的灵活性和可编程性

SDN 的一个主要目标是提高网络的灵活性和可编程性。传统网络的配置和管理基于静态的硬件设备和分散的管理方式，导致网络的创新和部署速度受限。然而，运用 SDN 的灵活性和可编程性，网络管理员可以更加动态地配置、管理和控制网络，从而实现以下优势：

A. 网络可编程性

SDN 将网络的控制平面从数据平面中分离出来，使得网络可以通过编程对设备进行灵活控制。通过使用 SDN 编程接口（如 NETCONF），网络管理员可以直接访问和操作网络设备，以实现对网络流量的精确控制和管理。这种可编程性使网络可以根据特定的应用需求和业务需求，进行快速调整和定制，而无须受到底层硬件的限制。

B. 快速创新和部署

SDN 的灵活性使网络可以更快速地部署新的服务和应用。通过编程接口和网络操作系统（Network Operating System，NOS），网络管理员可以快速实现

新的网络功能和服务，而无须手动配置和更新每个网络设备。这种快速创新和部署的能力使网络能够更好地适应不断变化的业务需求和技术趋势。

C. 高级策略和智能控制

SDN 的可编程性使网络可以实现更高级的策略和智能控制。通过编程接口和控制器，网络管理员可以定义复杂的网络策略，如负载均衡、安全防护、流量工程等，以提高网络的性能和效率。此外，SDN 还可以结合机器学习和人工智能等技术，实现智能化的网络管理和自动化决策，从而进一步提升网络的灵活性和智能性。

总体来说，通过提高网络的灵活性和可编程性，SDN 使网络能够更好地适应不断变化的需求，并能够快速创新和部署新的服务和应用。这为企业和服务提供商带来了更高的灵活性、效率和更大的竞争优势。

②实现网络的集中管理和自动化

SDN 的一个主要目标是实现网络的集中管理和自动化。传统的网络架构中，网络设备通常具有分散的管理和控制功能，每个设备都有自己的配置和管理界面。这导致了网络管理的复杂性和烦琐性，使得网络的配置、故障排除和变更变得困难和耗时。

在 SDN 中，控制平面的集中管理成为可能。SDN 架构将网络控制逻辑从网络设备中分离出来，将其集中到一个或多个 SDN 控制器中。这些控制器充当网络的大脑，负责整个网络的配置、监控。

通过集中管理，SDN 实现了网络的自动化。SDN 控制器可以通过编程接口与网络设备通信，将网络配置和策略的变更直接下发到设备，而无须手动配置每个设备。这使网络管理人员能够通过控制器对整个网络进行一致性和集中化的管理。

此外，SDN 的集中管理和自动化也使得网络的响应速度更快。当网络发生变化时，SDN 控制器能够实时检测到并快速做出相应的调整，而无须手动干预每个设备。这提高了网络的灵活性和可扩展性，使得网络能够更好地适应不断变化的需求和流量模式。

总之，SDN 通过实现网络的集中管理和自动化，解决了传统网络架构中的复杂性和烦琐性问题。它提供了更高的灵活性、可编程性和响应速度，为网络管理和运营带来了许多优势。

2. 控制平面和数据平面的划分

（1）控制平面的定义和作用

控制平面是SDN架构的一个关键组成部分，负责网络的控制和管理。它是一个逻辑实体，主要负责制定网络策略，配置网络设备和监视网络状态。以下是对控制平面及其作用的详细介绍：

控制平面是SDN架构中的一个模块，它与数据平面相对应。它是一个软件实体，通常由SDN控制器来实现，负责控制网络中的数据流动、流量调度以及网络策略的制定。控制平面与数据平面分离，使得网络控制和数据转发可以分别进行，使网络更具灵活性和可编程性。

控制平面的作用包括以下几点：

①网络策略制定

控制平面负责定义和制定网络中的策略，包括流量路由、服务质量和安全策略等。通过控制平面，网络管理员可以以编程方式定义和更新网络策略，以适应不同的应用需求和网络环境。

②网络设备配置

控制平面负责管理和配置网络中的各种设备，如交换机、路由器和防火墙等。它可以向数据平面设备（Data Plane Devices）发送指令，以进行流表的更新、路由表的配置等操作。控制平面通过与数据平面的交互，实现对网络设备的集中管理和配置。

③数据流控制

控制平面负责控制网络中的数据流动，包括流量调度、流量优化和拥塞控制等。通过监控网络状态和流量信息，控制平面可以根据网络策略和应用需求，动态地调整数据流的路径和优先级，实现网络资源的高效利用和流量的负载均衡。

④网络监控和故障管理

控制平面可以监控网络中的各种状态和性能指标，包括链路的可用性、带宽利用率和延迟等。当网络发生故障或异常情况时，控制平面可以及时检测并采取相应的措施，例如重新计算路径、重新分配流量等，以提高网络的可靠性

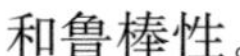
和鲁棒性。

控制平面与数据平面的相互作用包括以下几点：

控制平面和数据平面之间的交互是 SDN 架构的核心机制。控制平面负责向数据平面下发指令，以控制数据包的转发和处理。数据平面则负责实际的数据包转发和处理操作。控制平面通过与数据平面的交互，可以动态地更新数据平面中的流表和路由表，以适应网络中的变化和需求。控制平面还可以从数据平面接收状态信息和事件通知，以监控网络的运行状况和及时做出相应的调整。

通过控制平面和数据平面的分离，SDN 架构实现了对网络的集中控制，增强了它的灵活性，使得网络的管理和编程变得更加简化和可扩展。控制平面为网络管理员提供了更多的控制权和可编程性，使得网络可以更好地适应不断变化的应用需求和网络环境。

（2）数据平面的定义和作用

数据平面是 SDN 架构中的一个核心组件，它负责处理网络流量和数据包的转发。数据平面通常由网络交换设备（如交换机或路由器）实现，并且与控制平面相对应。

数据平面的主要作用是根据网络流量的目的地址，将数据包从源设备转发到目标设备。它基于预定义的转发规则或策略来决定如何处理接收到的数据包。数据平面执行这些转发规则，将数据包从一个物理或逻辑接口转发到另一个接口，以便数据可以在网络中正确地传递。

数据平面通常使用硬件加速技术，如专用的转发芯片或可编程的网络处理器，以提高数据包的转发性能和速度。它具有高度并行化的能力，可以同时处理多个数据包，并支持各种网络协议和功能，例如交换、路由、过滤和访问控制等。

数据平面与控制平面密切协作，控制平面负责配置和管理数据平面的行为。控制平面通过下发控制消息、策略和规则来指导数据平面的操作。数据平面在收到控制平面的指令后，根据这些指令的要求来执行数据包的转发和处理操作。

数据平面的高效运行对网络的性能和响应时间至关重要。通过将控制平面和数据平面分离，可以实现灵活的网络管理和控制，并提供对网络流量的动态调整和优化的能力。这种分离架构使得网络更加可编程和可定制，使网络管理员能够根据实际需求进行网络配置和管理，从而实现更高效、更可靠和更安全的网络通信。

（3）控制平面和数据平面之间的关系和相互作用

在 SDN 中，控制平面和数据平面是两个核心组件，它们紧密合作以实现网络的灵活性和可编程性。它们之间的关系和相互作用对于整个网络的运行至关重要。

控制平面负责网络的全局控制和管理。它包括控制器和网络操作系统，通过与数据平面通信来配置和控制网络中的各种设备。控制平面主要有以下几个作用：

①路由计算和路径选择

控制平面负责计算网络中数据包的最佳路径，根据网络拓扑和策略决定数据包的传输路由。它可以基于流量工程、负载均衡和策略等因素来优化网络的性能和资源利用。

②网络策略管理

控制平面管理网络的安全策略、流量控制规则和服务质量策略等。它可以实时更新策略，根据网络状况和需求调整网络行为，确保网络按照预定的策略运行。

③资源管理和配置

控制平面负责管理网络中的各种资源，如交换机、路由器和防火墙等设备。它可以向数据平面下发配置指令，例如创建、修改或删除网络设备的规则和策略，以实现网络的灵活性和可编程性。

数据平面是网络中实际进行数据包处理和转发的部分。它由网络设备组成，负责根据控制平面的指令进行数据包的转发和处理。数据平面的主要作用包括以下几点：

①数据包转发

数据平面根据控制平面的指令，根据预设的规则和策略，将数据包从源设备转发到目标设备。它负责执行数据包的转发动作，决定数据包的下一条路径。

②流量匹配和处理

数据平面通过检查数据包的头部信息，并与预设的规则进行匹配，确定数据包的处理方式。它可以根据匹配结果执行特定的操作，如修改头部信息、丢弃或放行数据包等。

控制平面和数据平面之间的关系是密切的。控制平面通过与数据平面的通信来指导和控制数据包的处理和转发。控制平面向数据平面下发配置指令，告知数据平面如何处理数据包和转发流量。数据平面则将实际的网络状态和事件反馈给控制平面，以便控制平面可以动态地调整网络的配置和策略。

这种控制平面和数据平面的分离架构具有灵活性和可编程性的优势。控制平面的集中管理使得网络的配置和策略可以更加集中和统一，降低了网络管理的复杂性。同时，数据平面的分布式处理使得网络设备可以更加高效地进行数据包处理和转发，提高了网络的性能。通过控制平面和数据平面的紧密协作，SDN 实现了灵活性的增强和对网络的集中控制。

（4）控制平面与数据平面的交互方式

控制平面和数据平面之间的通信方式是实现 SDN 的关键。通过有效的通信方式，控制平面可以向数据平面下发指令，而数据平面可以向控制平面发送状态和事件信息。下面将介绍这两个方向上的通信方式：

①控制平面向数据平面下发指令的方式

控制平面向数据平面下发指令的方式取决于具体的 SDN 架构和协议。以下是一些常见的通信方式：

第一，NETCONF 协议：NETCONF 协议是一种网络配置和 SDN 通信协议，它定义了控制器和交换机之间的通信方式。通过 NETCONF 协议，控制平面可以向数据平面下发指令，如添加、修改或删除流表项，这些指令可以包括转发规则、服务质量设置和安全策略等，从而配置网络设备的各种参数和功能。

第二，RESTful（Representational State Transfer）API：基于 Web 的 RESTful API 也可以用于控制平面与数据平面的通信。控制平面可以通过 HTTP 协议向数据平面发送 RESTful API 请求，以实现配置、管理和监控数据平面设备。

②数据平面向控制平面发送状态和事件的方式

数据平面向控制平面发送状态和事件信息可以帮助控制器了解网络的实时状态和数据平面的变化。以下是一些常见的通信方式：

第一，事件驱动：数据平面可以通过事件驱动机制向控制平面发送状态和事件信息。例如当交换机检测到链路故障或流量变化时，它可以向控制器发送事件通知，以便控制器能够及时采取相应的措施。

第二，SNMP（Simple Network Management Protocol）：SNMP 是一种网络管理协议，它允许数据平面设备将状态和性能信息发送给控制器。控制器可以使用 SNMP 来监控和管理数据平面设备，以便做出决策和调整网络配置。

第三，向上报告：数据平面可以周期性地向控制平面报告其状态和性能信息。通过定期上报，控制器可以获取关于数据平面的实时信息，从而做出适当的决策和调整。

通过这些通信方式，控制平面和数据平面能够实现双向交互，确保网络的灵活性和可管理性。这种通信方式的灵活性和可扩展性是软件定义网络架构的关键优势。

（5）控制平面和数据平面的通信协议

控制平面和数据平面之间的通信是实现软件定义网络的关键。为了使控制器有效地管理和控制网络设备，以及收集数据平面的状态信息，控制平面和数据平面需要通过特定的通信协议进行交互。这些协议定义了消息的格式、交换方式和交互过程，确保控制平面和数据平面之间的正确通信。

在软件定义网络中，常见的控制平面和数据平面通信协议包括：

①OpenFlow（开放流量）协议

OpenFlow 是最为广泛采用的控制平面和数据平面通信协议之一。它定义了控制器如何与网络设备进行通信，以向数据平面下发流表规则和指令。OpenFlow 协议使用基于 TCP/IP 的通信方式，支持控制平面对数据平面的灵活控制和编程。

②NETCONF（网络配置）协议

NETCONF 是一种用于网络设备配置和管理的网络协议。它通过安全的 XML 或 YANG 编码格式，提供了一种统一的方式来远程管理和配置网络设备。NETCONF 协议支持控制平面对数据平面的配置操作，例如添加、修改和删除网络设备的配置信息。

③RESTful API

RESTful 是一种基于 HTTP 协议的通信方式，广泛用于 Web 服务和应用程序之间的交互。控制平面和数据平面可以通过 RESTful API 进行通信，使用 HTTP 方法（如 GET、POST、PUT、DELETE）对网络设备进行配置和控制。

这些通信协议在控制平面和数据平面之间建立了一种标准化的通信机制，使得不同厂商的控制器和网络设备可以进行互操作。这样，控制平面可以向数据平面下发指令，收集状态信息，并实现对网络流量的灵活控制和编程。

这些协议的作用和特点如下：

第一，灵活性和可编程性：这些协议提供了灵活的编程接口和机制，使得控制平面可以动态地配置和控制数据平面，适应不同的网络需求和应用场景。

第二，标准化和互操作性：这些协议经过标准化，使不同厂商的控制器和设备能够进行互操作，实现开放式的网络架构和生态系统。

第三，安全性和可靠性：这些协议支持安全的通信机制，如加密和认证，确保控制平面和数据平面之间的通信安全可靠。

第四，扩展性和可伸缩性：这些协议具有良好的扩展性和可伸缩性，可以应对大规模网络的管理和控制需求。

通过这些通信协议，控制平面可以与数据平面紧密协同工作，实现对网络的动态管理和灵活控制，提高网络的可编程性和可定制性。

（6）控制平面和数据平面的分离优势

控制平面和数据平面的分离是 SDN 架构的核心原则之一。这种分离架构有许多优势，现列举如下：

①灵活性和可扩展性

通过将控制平面与数据平面分离，网络的控制逻辑可以独立于底层网络设备进行开发和部署。这种灵活性使得网络可以根据不同的需求进行定制和扩展，而无须对底层设备进行更改或替换。新的控制逻辑可以通过更新或更换控制器来实现，而不会影响数据平面的硬件设备。

②高级网络管理和编程能力

控制平面与数据平面的分离使网络管理和编程变得更加直观和可编程。通过控制器，管理员可以集中管理和监控整个网络，并通过编程接口进行自动化配置和控制。这种灵活性使网络管理变得更高级，可以根据实时需求进行网络配置和流量调整。

③快速创新和部署

控制平面和数据平面的分离架构，使网络创新和部署变得更加迅速和灵活。新的网络功能和服务可以通过更新控制器来快速引入，而无须对底层的网络设备进行更改。这种快速创新能力对支持新的业务需求和应用场景非常重要。

④多供应商兼容性

由于控制平面与数据平面分离，网络可以支持多个供应商的设备和解决方案。这种多供应商兼容性使网络管理员可以根据需求和预算选择最合适的设备和解决方案，而不必受限于单一供应商的生态系统。

⑤故障隔离和可靠性

通过控制平面和数据平面的分离，网络可以实现更好的故障隔离，拥有容错能力。当数据平面设备发生故障时，控制平面可以快速地重新计算路径或重新配置流量，以确保网络的连通性和可靠性。这种分离架构可以减少网络故障对整个网络的影响。

总体来说，控制平面和数据平面的分离架构为软件定义网络带来了灵活性、可编程性、快速创新、多供应商兼容性以及故障隔离和可靠性等优势。这种架构使得网络可以更好地适应不断变化的需求和技术发展，为企业和服务提供商提供了更强大和更可靠的网络基础设施。

3. SDN 的架构和组件

（1）SDN 的典型架构模型

SDN 的典型架构模型描述了整个网络的组织和交互方式。下面是 SDN 典型架构模型的常见组成部分：

①控制平面

控制平面负责网络的全局控制和决策。它包括网络控制器和相关的软件模块，用于管理网络中的各种功能和策略。控制平面负责收集来自数据平面的信息，并根据网络状况进行智能决策。

②数据平面

数据平面是网络中实际进行数据传输的部分。它包括网络设备等，负责根据控制平面的指示，将数据包从源端发送到目的地。

③SDN 控制器

SDN 控制器是控制平面的核心组件，负责管理整个网络的行为和配置。它与数据平面中的网络设备进行通信，通过发送控制指令来控制网络流量、配置路由、执行安全策略等。

④网络应用（Network Applications）

网络应用是基于 SDN 架构开发的特定应用程序，可以利用 SDN 的灵活性和可编程性来实现各种网络功能和服务，例如负载均衡、虚拟网络划分、流量监控等。

⑤网络设备

网络设备包括交换机、路由器和其他支持 SDN 协议的设备。这些设备通过与 SDN 控制器进行通信，执行控制平面的指令，并根据网络策略进行数据包转发。

SDN 的典型架构模型提供了一种分离控制平面和数据平面的方法，使网络更加灵活、可编程和易于管理。控制平面集中管理和控制整个网络，而数据平面负责实际的数据传输。SDN 控制器充当架构的核心，与网络设备和应用程序进行交互，实现网络的智能控制和管理。

（2）SDN 的核心组件概述

SDN 是一种网络架构，它将网络控制逻辑从传统的网络设备中分离出来，并将其集中在一个中央控制器中，以实现网络的灵活性和可编程性。SDN 架构涉及多个核心组件，每个组件都扮演着不同的角色，共同构建了 SDN 的基础。以下是关于 SDN 核心组件的概述：

①SDN 控制器

SDN 控制器是 SDN 架构的核心组件之一。它是一个中央化的控制平台，负责管理和控制整个 SDN。控制器与网络设备进行通信，并根据网络策略和应用需求来下发指令和配置，实现对网络的全局控制。控制器还提供了与应用程序和网络操作系统之间的接口，使网络的管理和编程更加灵活。

②数据平面设备

数据平面设备是指实际进行数据传输和转发的网络设备，如交换机、路由器等。在 SDN 架构中，数据平面设备的主要职责是根据 SDN 控制器的指令来进行数据包的转发和处理。这些设备通常具备可编程性，能够根据控制器下发的流表规则对数据包进行分类、匹配和处理，从而实现灵活的网络控制。

③Northbound 接口

Northbound 接口是 SDN 控制器与上层应用程序之间的接口。它允许应用程序通过编程接口与 SDN 控制器进行通信，以向控制器提供网络策略、应用需求和服务要求。通过 Northbound 接口，应用程序可以获取网络拓扑信息，配置网络行为，并与网络进行交互，实现对网络的动态控制和优化。

④Southbound 接口

Southbound 接口是 SDN 控制器与底层数据平面设备之间的接口。它定义了控制器与数据平面设备之间的通信协议和交互方式。通过 Southbound 接口，控制器可以与底层设备交换命令和状态，以控制数据平面的行为。常见的 Southbound 接口包括 NETCONF、OpenFlow、P4（Programming Protocol-Independent Packet Processors）等，它们提供了不同层次的可编程性和控制能力。

⑤网络操作系统

网络操作系统是 SDN 架构中的一个关键组件，它位于 SDN 控制器之上，负责管理和协调整个 SDN 的运行。网络操作系统提供了一系列的功能，包括拓扑发现、链路监测、流量控制、安全管理等。它与 SDN 控制器紧密合作，协同工作，以实现对整个网络的集中控制和管理。

以上是关于 SDN 架构核心组件的概述。这些组件共同工作，使 SDN 能够实现灵活的、可编程的网络控制和管理。通过 SDN 控制器的全局视野和集中控制，网络管理员可以更加高效地管理网络，应用程序可以根据需求定制和优化网络行为，从而实现更高级别的网络功能和服务。

（3）SDN 控制器的角色和功能

SDN 控制器是软件定义网络中的关键组件，扮演着集中控制和管理网络的角色。它通过与数据平面设备进行通信，实现网络的编程、配置和控制。SDN 控制器具有以下主要功能：

①集中控制和管理

SDN 控制器通过集中控制和管理网络设备，提供整个网络的全局视图和对其控制的能力。它能够监控和管理网络中的各个节点，实时获取网络状态和拓扑信息，并对网络进行编程和配置。

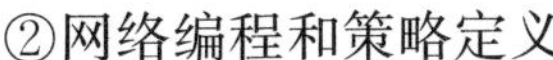

②网络编程和策略定义

控制器允许管理员使用编程接口或特定的编程语言，对网络进行编程和策略定义。通过控制器，管理员可以定义网络的行为，进行路由选择、流量控制等，以满足特定的业务需求和策略要求。控制器提供了灵活的编程能力，使网络可以根据需要进行自动化和动态调整。

③流量控制和路径选择

SDN 控制器负责处理网络中的数据流量控制和路径选择。它可以根据网络状况、业务需求和策略规则，动态地决定数据包的路由路径和转发策略。通过控制器的智能决策和流量优化算法，网络可以实现更高效的数据传输和负载均衡。

④网络安全和策略执行

控制器在实施网络安全和策略方面发挥着重要作用。它可以对网络进行实时监控，检测异常流量和安全威胁，并根据事先定义的安全策略进行相应的防御和采取应对措施。控制器还可以实施访问控制和流量隔离策略，确保网络资源的安全和合理利用。

⑤控制平面与编程接口

SDN 控制器提供丰富的编程接口，使第三方开发人员能够开发基于 SDN 的应用程序和服务。这些应用程序可以利用控制器提供的网络信息和控制能力，实现各种创新功能，如网络监控、QoS 管理、服务链路配置等。控制器的 API 使网络可以更加灵活和可扩展。

总之，SDN 控制器是实现软件定义网络的关键组件之一，具备集中控制和管理、网络编程和策略定义、流量控制和路径选择、网络安全和策略执行等重要功能。它使网络更具灵活性、可编程性和可管理性，为网络创新和服务创造了更大的可能性。

第 2 节　SDN 控制器和网络操作系统

1. SDN 控制器的功能和作用

（1）控制器的基本功能概述

SDN 控制器是软件定义网络的核心组件，负责管理和控制网络中的数据流量。它具有多种基本功能，旨在提高网络的灵活性、可编程性和可管理性。控制器的基本功能主要有以下几点：

①网络拓扑发现和管理

SDN 控制器通过与网络中的交换机通信，搜集网络拓扑信息，并维护一个全局的拓扑视图。它可以发现网络中的交换机、链路和主机，并动态地更新拓扑信息。这使控制器能够了解网络的结构和连接方式，为其他功能提供基础。

②控制平面管理和配置

控制器负责管理和配置网络的控制平面，包括控制器自身的行为和逻辑。它能够定义和执行网络策略，包括流量路由、服务质量、安全性和故障恢复等方面。通过控制平面管理和配置，控制器可以实现对网络行为的细粒度控制和动态调整。

③流量转发与管理

控制器在数据平面上管理流量的转发和处理。它可以基于网络策略和应用需求，动态地指导交换机进行流量转发。控制器可以向交换机下发流表项，定义流量匹配规则和操作指令，以决定数据包的转发路径和处理方式。此外，控制器还可以监测和管理流量，提供流量统计和监控功能，以支持网络性能优化和故障排查。

④编程接口和应用支持

SDN 控制器通常提供丰富的编程接口，以便开发人员和应用程序可以与控制器进行交互和进行编程。这些接口既可以是基于标准的 API（如 RESTful API 或 NETCONF 协议），也可以是基于特定控制器的软件开发包（SDK）。控制器的编程接口和应用支持使开发者能够构建各种网络应用和服务，实现网络的定制化和创新。

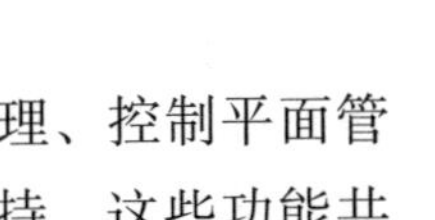

综上所述，SDN 控制器的基本功能包括网络拓扑发现和管理、控制平面管理和配置、数据平面流量转发与管理，以及编程接口和应用支持。这些功能共同实现了对网络的灵活控制和管理，为构建可编程、智能和高效的网络提供了基础。

（2）控制平面管理和配置

控制平面是 SDN 的关键组成部分，负责实现网络的管理和配置。它与数据平面相对应，控制平面中的控制器负责定义网络的行为和规则，而数据平面则执行这些规则以进行数据包的转发。

控制平面管理和配置的功能是确保网络中的交换设备和路由器按照所定义的策略和规则进行操作。下面是一些控制平面管理和配置的关键功能：

①设备发现和拓扑管理

控制平面管理模块能够自动发现网络中的交换设备和路由器，并构建网络拓扑图。这样的拓扑图可以帮助管理员了解网络的结构和连接关系，并为后续的配置和管理提供基础。

②网络策略和规则的定义

管理员可以使用控制平面管理和配置模块定义网络中的策略和规则。这些策略和规则可以基于应用需求、安全性要求或者流量管理目标进行匹配，例如定义访问控制列表（ACL）、QoS 规则等。

③配置下发和更新

一旦管理员定义了网络的策略和规则，控制平面管理和配置模块就负责将这些配置下发到相应的交换设备和路由器上。它通过与设备的控制协议通信，如 NETCONF 协议，来实现配置的下发和更新。

④网络状态监测和反馈

控制平面管理和配置模块可以监测网络状态和流量情况，并提供相关的反馈信息。这样的监测功能可以帮助管理员实时了解网络的运行状况，以便及时做出调整和优化。

⑤故障检测和恢复

控制平面管理和配置模块能够监测网络故障，并采取相应的恢复措施。它可以监测链路故障、设备故障等，并通过重新计算路径或切换备份路径来确保网络的可靠性和连通性。

通过控制平面管理和配置功能，SDN 可以实现网络的灵活性、可编程性和自动化管理。管理员可以通过集中的控制器来统一管理整个网络，而无须逐个进行配置。此外，控制平面的可编程性还可以支持创新的网络服务和应用的部署，从而提供更加灵活和可定制的网络环境。

（3）数据平面流量转发与管理

数据平面是SDN中负责实际数据包转发和处理的部分。控制器通过控制平面与数据平面进行通信，从而实现对网络流量的转发和管理。

①数据平面流量转发

在SDN中，数据平面的主要任务，是根据控制器的指令对网络流量进行转发。以下是数据平面流量转发的关键要点：

A. 包转发规则

数据平面通过在交换机或路由器上配置包转发规则，来决定数据包的下一跳。这些规则可以基于目的地IP地址、源IP地址、协议类型、端口号等条件进行匹配。

B. 流表和流匹配

交换机或路由器中的流表用于存储包转发规则。数据包到达时，数据平面将数据包与流表中的规则进行匹配，以确定下一跳和处理方式。

C. 控制器指令

当数据平面无法匹配流表中的规则时，交换机或路由器将向控制器发送请求，控制器可以根据网络策略生成新的包转发规则，并将其下发到数据平面。

②数据平面流量管理

除了数据包的转发，数据平面还负责对网络流量进行管理和监控。以下是数据平面流量管理的关键要点：

A. 流量监测

数据平面可以监测流经交换机或路由器的流量。通过收集数据包的统计信息，如流量大小、带宽利用率、丢包率等，数据平面可以实现对网络流量的实时监测。

B. QoS管理

数据平面可以根据网络策略对流量进行分类和优先级标记，以保证服务质量。通过配置流表规则和优先级队列，数据平面可以为不同类型的流量分配带宽和资源。

C. 故障检测和恢复

数据平面可以检测链路或节点故障，并在控制器的指导下采取相应的措施，如路径重计算、流量重定向等，以确保网络的可靠性和可用性。

D. 安全性控制

数据平面可以通过实施访问控制列表、防火墙规则等机制来保护网络，使其免受恶意攻击和未经授权的访问。

数据平面流量转发与管理的目标是实现灵活、高效、可控的网络流量处理。通过控制器与数据平面的协作，SDN 能够提供动态的网络管理和流量控制，从而满足不断变化的应用需求。

2. 常见的 SDN 控制器和其特点

（1）OpenDaylight 控制器

OpenDaylight 控制器是一个开源的 SDN 控制器，它提供了丰富的功能和灵活性，适用于各种网络环境。下面将介绍 OpenDaylight 控制器的特点和主要功能：

①模块化架构

OpenDaylight 采用了模块化的架构，允许用户根据具体需求选择和集成所需的功能模块。这使 OpenDaylight 成为一个可定制化的控制器，可以根据网络的要求进行扩展和配置。

②多协议支持

OpenDaylight 支持多种通用的 SDN 协议，如 NETCONF、SNMP 等。这使它能够与各种网络设备和厂商进行交互，实现统一的网络管理和控制。

③网络编程接口

OpenDaylight 提供了丰富的编程接口，包括 RESTful API 和北向接口，使开发者可以轻松地编写和部署自定义的网络应用程序和服务。

④统一的网络视图

OpenDaylight 通过收集和分析来自网络设备和控制平面的数据，提供了一个统一的网络视图。这使管理员可以实时监控和管理整个网络，进行故障排除和资源优化。

⑤策略驱动的网络编程

OpenDaylight 支持策略驱动的网络编程，通过定义和实施网络策略，实现网络资源的动态管理和优化。这使网络管理员可以根据具体需求，灵活地进行流量控制和 QoS 管理。

⑥社区支持和生态系统

OpenDaylight 拥有一个活跃的开源社区，吸引了众多开发者和厂商参与。这为用户提供了广泛的支持和丰富的插件生态系统，能够满足各种特定场景和需求的网络管理和控制。

⑦安全性和可靠性

OpenDaylight 注重安全性和可靠性，提供了许多安全机制和措施，以保护网络免受各种威胁和攻击。同时，它具有高可用性和容错性，支持故障恢复和冗余部署，以确保网络的稳定性和可靠性。

总之，OpenDaylight 控制器是一个功能强大、灵活性高、可定制化的 SDN 控制器。它通过模块化架构、多协议支持、丰富的网络编程接口和统一的网络视图，为用户提供了强大的网络管理和控制能力。同时，它的安全性和可靠性特性使其成为构建可靠、安全的软件定义网络的理想选择。

（2）ONOS 控制器

ONOS（Open Network Operating System）是一个开源的 SDN 控制器，专注于构建高性能、可扩展和灵活的网络控制平台。ONOS 的设计目标是支持大规模的网络环境，并提供高度可靠的网络控制和管理能力。

ONOS 控制器的特点如下：

①分布式架构

ONOS 采用分布式架构，可以将控制器功能分布到多个物理或虚拟节点上。这种架构允许 ONOS 实现高可用性和容错性，同时，能够实现大规模网络流量和事件处理。

②高性能

ONOS 通过有效的流量处理和优化的算法来提供卓越的性能。它能够处理大量的网络设备和流量，以实时响应网络事件和变化。

③可扩展性

ONOS 的设计允许水平扩展，可以根据需要增加更多的控制器实例和节点。这种可扩展性使 ONOS 能够适应不断增长的网络规模和流量需求。

④多层次的应用支持

ONOS 提供了多层次的应用支持，使开发者可以基于 ONOS 构建各种网络应用和服务。它提供了一组丰富的 API 和工具，使应用开发变得简单而灵活。

⑤开放式接口

ONOS 支持多种开放式接口和协议，例如 NETCONF、RESTful API 等。这使 ONOS 可以与各种网络设备和系统进行集成，并与其他 SDN 控制器和应用平台进行交互。

⑥社区支持和活跃性

ONOS 拥有一个活跃的开源社区，吸引了全球范围内的贡献者和用户。这个社区提供了技术支持、文档、示例代码等资源，使用户能够更好地理解和使用 ONOS 控制器。

总的来说，ONOS 控制器是一个功能强大、灵活且可扩展的 SDN 控制器，适用于大规模网络环境。它提供了高性能的流量处理、分布式架构、多层次的应用支持以及与其他系统的开放式接口，为用户提供了一个可靠的网络控制平台。

（3）Ryu 控制器

Ryu 控制器是一种开源的 SDN 控制器，它采用 Python 编程语言开发，旨在提供灵活、可定制的 SDN 控制平台。Ryu 控制器的设计注重简单性和可扩展性，这使它成为众多 SDN 应用开发者的首选。

Ryu 控制器具有以下特点和功能：

①简单易用

Ryu 控制器的设计哲学之一是简单易用。它提供了直观的 API 和丰富的库，使开发者能够快速上手并轻松实现自己的 SDN 应用程序。

②Python 编程

Ryu 控制器使用 Python 作为主要的编程语言。Python 是一种简洁而强大的编程语言，具有丰富的生态系统和广泛的支持。这使开发者能够利用 Python 生态系统中的现有工具和库，快速开发和部署 SDN 应用。

③可定制性

Ryu 控制器提供了灵活的框架和插件机制，使开发者能够根据特定需求进行定制。它允许开发者以模块化的方式扩展功能，添加新的协议支持或自定义流表项（Flow Entry）处理逻辑。

④协议支持

Ryu 控制器支持多种 SDN 协议，如 NETCONF、OF-Config 等。这使 Ryu 控制器能够与不同厂商的网络设备进行交互，并实现灵活的网络编程和控制。

⑤SDN 应用开发

Ryu 控制器提供了丰富的 SDN 应用开发框架和库，使开发者能够快速构建各种 SDN 应用，如网络监控、流量工程、安全防护等。它还提供了实用工具和示例代码，帮助开发者加速应用开发过程。

⑥社区支持

Ryu 控制器是一个活跃的开源项目，拥有庞大的用户和开发者社区。社区提供了丰富的文档、教程和支持资源，开发者可以通过社区与其他用户或贡献者交流、分享经验和解决问题。

总之，Ryu 控制器是一个强大而灵活的 SDN 控制器，通过其简单易用的设计和丰富的功能，为开发者提供了一种便捷的方式来构建和定制自己的 SDN 应用。无论是学术研究还是实际部署，Ryu 控制器都是一个值得考虑的选择。

（4）Floodlight 控制器

Floodlight 是一种常见的开源 SDN 控制器，它基于 Java 编程语言开发，并由 Big Switch Networks 公司推出。Floodlight 具有许多特点，使其成为 SDN 中的流行选择。

首先，Floodlight 提供了丰富的功能集，包括网络拓扑发现、流表管理、路由计算和 QoS 管理等。它可以通过 NETCONF 协议与网络交换机进行通信，从而实现对网络流量的灵活控制和管理。Floodlight 的模块化架构使开发人员可以根据特定的需求进行定制和扩展，以适应不同网络环境和应用场景。

其次，Floodlight 具有良好的可扩展性。它支持多控制器的部署，可以将多个 Floodlight 实例组成一个控制器集群，从而实现负载均衡和容错性。这种分布式架构可以提高系统的性能和可靠性，并支持大规模网络的管理。

再次，Floodlight 还提供了一组丰富的 RESTful API，使第三方应用程序可以与其进行交互。这样的 API 使开发人员可以轻松地构建自己的应用程序或服务，通过与 Floodlight 进行交互来实现对 SDN 的编程和控制。

最后，Floodlight 还拥有一个活跃的开发者社区，他们提供技术支持、文档和示例代码，帮助用户更好地理解和使用 Floodlight 控制器。这种社区支持和持续更新使 Floodlight 成了一个稳定且可靠的 SDN 控制器解决方案。

总体来说，Floodlight 作为一种常见的 SDN 控制器，拥有丰富的功能、可扩展性、开放的 API 和活跃的社区支持。它为用户提供了一个强大的工具，用于 SDN 的构建、管理和编程，从而满足不同应用场景的需求。

3. 网络操作系统的概念和功能

（1）网络操作系统的定义和演进

网络操作系统是一种基于 SDN 架构的网络管理平台，它提供了对整个网络基础设施的综合控制和管理。NOS 通过将网络设备抽象为可编程的实体，使网络管理员能够通过集中化的控制平面来配置、管理和监控网络。

网络操作系统的演进，可以追溯到传统的网络操作系统（如 Cisco IOS 和 Juniper Junos）向软件定义网络的转变。传统网络操作系统主要侧重于在单个设备上实现网络管理和控制功能，而 SDN 引入了集中式控制平面的概念，将网络控制从硬件设备中分离出来，使得网络管理更加灵活、可编程和可自动化。

随着 SDN 的发展，网络操作系统的定义也发生了变化。现代网络操作系统不仅是一个集中式控制器，还是一个完整的网络管理平台，提供了一系列关键功能和服务，以支持网络的灵活性、可编程性和自动化。网络操作系统具有以下特点和功能：

①集中化控制和管理

网络操作系统提供了集中化的控制平面，通过该平面可以对整个网络进行配置、管理和监控。管理员可以通过网络操作系统的用户界面或 API 进行操作，实现对网络设备和服务的统一管理。

②可编程性和自定义

网络操作系统允许管理员根据特定的需求对网络行为进行编程和自定义。通过编写脚本或使用编程接口，管理员可以进行自动化配置、流量控制和网络策略等操作，提高网络的灵活性和可适应性。

③开放性和可扩展性

现代网络操作系统通常基于开放标准和协议，支持与多个厂商的设备和系统进行集成。这种开放性和可扩展性使得管理员可以选择最适合其环境和需求的硬件设备，并灵活地进行网络部署和管理。

④网络分析和故障排除

网络操作系统提供了丰富的分析和监控工具，用于实时监测网络性能、识别故障和进行故障排除。管理员可以通过网络操作系统的界面或命令行界面来获取网络状态信息，执行网络分析和诊断。

⑤安全管理和策略执行

网络操作系统具备强大的安全管理功能，包括访问控制、身份认证、流量过滤和加密等。管理员可以通过网络操作系统来定义和执行网络安全策略，保护网络免受恶意攻击和未经授权的访问。

网络操作系统的定义和功能的演进，使管理员能够更加灵活地管理和控制网络，提高网络的可靠性、安全性和性能。它为SDN架构下的网络提供了统一的管理平台，推动了网络的创新和发展。

（2）网络操作系统的关键功能

NOS是一种专门为SDN设计的操作系统。它在SDN架构中扮演着重要的角色，提供了许多关键功能，以实现对网络的集中管理和控制。以下是网络操作系统的一些关键功能：

①网络配置和编程

网络操作系统允许管理员通过集中化的管理界面对网络进行配置和编程。它提供了高级的抽象和编程接口，使管理员能够定义网络拓扑、流量转发规则及策略等。这样的灵活性使网络可以根据需求进行快速的调整和自适应。

②网络监控和故障诊断

网络操作系统具备实时监控和故障诊断的能力。它能够收集和分析网络中的数据流、链路状态和设备健康状态等信息，并提供可视化的监控界面。通过这些功能，管理员可以实时了解网络的性能和健康状况，及时发现和解决潜在问题。

③资源管理和优化

网络操作系统允许管理员对网络资源进行管理和优化。它可以分配带宽，控制流量调度，以及执行负载均衡策略。通过有效的资源管理，网络操作系统能够提高网络的利用率，并确保网络中的各项服务能够得到适当的资源支持。

④安全和访问控制

网络操作系统提供安全性和访问控制的功能，以保护网络免受恶意攻击和未经授权的访问。它可以实施访问策略、身份验证和加密等机制，以确保网络的机密性、完整性和可用性。此外，网络操作系统还能够检测和响应安全事件，并提供实时的安全日志和报告。

⑤自动化和编排

网络操作系统支持自动化和编排功能，以简化网络管理和操作的复杂性。

它可以通过自动化任务和编排工作流程来自动执行一系列的网络操作，如自动化配置、自动化部署和自动化故障恢复等。这样的自动化能够提高网络管理的效率和准确性。

⑥第三方集成和开放接口

网络操作系统提供开放的接口和标准，以支持第三方应用程序和服务的集成。它可以与其他管理系统、云平台和应用程序进行交互，实现与各种网络相关的功能和服务的整合。

网络操作系统的关键功能让管理员能够集中管理和控制网络，提高网络的灵活性、可靠性和安全性。它为 SDN 架构提供了强大的基础，支持各种网络创新和应用场景的实现。

第3节　SDN的网络编程和流量控制技术

1. SDN的编程模型和编程语言

（1）SDN编程模型的概述

SDN的编程模型是一种用于控制和管理网络行为的抽象框架。它提供了一种统一的方式来定义网络策略、配置网络设备和实现网络功能，使网络管理和编程变得更加灵活和可自动化。SDN编程模型可以帮助网络管理员和开发人员通过编写代码来控制网络行为，而无须直接操作网络设备。

SDN编程模型的核心思想是将网络的控制平面与数据平面分离。控制平面由SDN控制器负责，它集中管理和控制整个网络，决定网络中数据流的路径和转发行为。而数据平面则由网络设备负责，它们根据控制平面的指令来进行数据包的转发和处理。

SDN编程模型提供了一系列的虚拟工具和接口，使开发人员能够以更高层次的语义来描述和操作网络。这样的虚拟工具包括网络拓扑、流表、流量匹配、动态路由等。通过这些虚拟工具，开发人员可以使用编程语言和工具来定义网络的行为和策略，而不需要深入了解底层网络设备的细节。

另一个关键方面是SDN编程模型的可编程性。它允许开发人员使用不同的编程语言和工具来编写网络应用程序和控制逻辑。这些编程语言既可以是通用的编程语言，如Python、Java或C＋＋，也可以是专门针对SDN开发领域的特定语言（DSL）。

SDN编程模型还支持网络应用程序的动态性和灵活性。通过编程接口和协议，网络应用程序可以与SDN控制器进行交互，动态地更新网络策略、配置流表和处理网络事件。这种动态性使得网络可以根据不同的需求和情况进行自适应调整和优化。

总之，SDN编程模型提供了一种灵活、可编程和可自动化的方式来管理和控制网络行为。它将网络设备的控制与数据平面分离，并提供了抽象的接

口，使开发人员能够以高层次的语义来定义网络行为和策略。这种编程模型的概念和思想为构建智能、可管理的网络奠定了基础，推动了网络技术的创新和发展。

（2）基于 OpenFlow 的编程模型

基于 OpenFlow 的编程模型是 SDN 中广泛使用的一种编程范式。OpenFlow 协议定义了控制器和交换机之间的通信方式，允许控制器对网络流量进行动态控制和管理。

在基于 OpenFlow 的编程模型中，网络流量的处理是通过流表来实现的。每个 OpenFlow 交换机都包含多个流表，用于存储匹配规则和相应的操作指令。当交换机接收到数据包时，会将其与流表中的规则进行匹配，并根据匹配结果执行相应的操作，如转发、丢弃、修改等。

以下是基于 OpenFlow 的编程模型的关键要点：

①流表

每个 OpenFlow 交换机都包含多个流表，每个流表包含多个流表项。流表项由匹配字段和对应的操作指令组成。匹配字段可以包括源 IP 地址、目标 IP 地址、协议类型、端口号等。操作指令可以包括转发到指定端口、修改报头、丢弃数据包等。

②匹配与动作（Match and Action）

当数据包进入交换机时，会与流表中的流表项进行匹配，依据流表项中定义的匹配字段来确定是否匹配成功。匹配成功后，交换机将执行相应的操作，即动作。动作可以是转发数据包到指定端口，修改数据包的报头信息，或者丢弃数据包等。

③控制器与交换机之间的通信

基于 OpenFlow 的编程模型要求控制器与交换机之间建立通信连接。通过该连接，控制器可以向交换机下发流表项，更新流表内容，以及搜集交换机的状态信息。

④网络管理和编程灵活性

基于 OpenFlow 的编程模型赋予了网络管理员和开发人员更大的灵活性和控制权。他们可以通过控制器编写自定义的流表项，定义特定的流量处理逻辑，实现灵活的网络管理和定制化的网络功能。

基于 OpenFlow 的编程模型提供了一种可编程的网络控制方式，使网络的行为可以根据特定的需求和策略进行动态调整。它为 SDN 提供了灵活性、可扩展性和可定制性，使网络管理和应用开发更加便捷和高效。然而，基于 OpenFlow 的编程模型也面临着一些挑战，如规模性能、安全性和编程复杂性等，需要在实践中加以考虑和解决。

（3）基于 P4 的编程模型

基于 P4 的编程模型是一种新兴的 SDN 编程模型，它提供了灵活性和可编程性，使网络管理员能够更好地控制数据平面的行为。P4 的目标是解耦网络数据平面的处理逻辑和协议，从而实现协议无关性和灵活性。

P4 编程模型的核心思想是将网络设备中的数据平面处理逻辑从硬件中解耦出来，并使用一种高级语言进行编程。P4 语言是一种领域特定语言，它专门用于描述数据包的处理过程。通过 P4 语言，网络管理员可以定义数据包的匹配规则、处理操作及转发行为，从而实现高度个性化的网络数据平面处理。

P4 编程模型的主要特点如下：

①协议无关性

P4 允许网络管理员定义任何协议的数据包处理逻辑，无论是已有的协议还是自定义的协议。这种灵活性使网络设备可以根据不同的需求适应不同的协议和应用场景。

②灵活性和可编程性

P4 语言提供了丰富的原语和操作，允许网络管理员根据具体需求编写自定义的数据包处理逻辑。这使网络设备可以根据实际情况进行动态调整和优化，从而提供更高效的网络服务。

③可扩展性

P4 编程模型支持网络设备的灵活扩展和升级。通过编写新的 P4 程序，网络管理员可以在不更换硬件的情况下改变网络设备的行为，从而提供新的功能和服务。

④开放性

P4 具有开放性，拥有庞大的社区支持和丰富的生态系统。这意味着网络管

理员可以共享和交流 P4 程序，并从其他人的经验和工具中受益。

基于 P4 的编程模型的应用范围非常广泛，它可以用于定义自定义协议的处理逻辑，优化网络流量的管理和分发，实现特定的安全策略，以及支持网络功能的动态部署和配置。随着 P4 技术的不断发展和成熟，基于 P4 的编程模型有望在 SDN 领域发挥越来越重要的作用，并推动网络的可编程性和灵活性进一步提高。

2. SDN 的流量控制原理和技术

（1）流量控制的基本概念和目标

流量控制是 SDN 中的重要概念，旨在管理和调整网络中的数据流量，以满足特定的需求和目标。它涉及对网络中的流量进行监测、限制、优化和分配的过程。以下是关于流量控制的基本概念和目标的详细解释：

第一，流量控制的基本概念：流量控制是指通过对数据包进行管理和控制，实现对网络中流量的有效管理。它包括监控和调整数据包的传输速率、优先级、路由路径以及服务质量等因素。流量控制可以在整个网络中的不同位置进行，例如交换机、路由器、SDN 控制器等。

第二，流量控制的目标：

①带宽管理

流量控制的主要目标是对带宽进行有效管理。通过控制流量的传输速率，可以避免网络拥塞和资源浪费。带宽管理可确保关键应用程序和服务具有足够的带宽，以提供良好的性能和用户体验。

②优先级和服务质量

流量控制可用于为不同类型的流量分配优先级和服务质量。通过识别和分类数据包，可以为关键应用程序和实时流量提供更高的优先级和更好的服务质量。这对于语音通话、视频流和实时数据传输等延迟敏感的应用程序至关重要。

③流量限制和过滤

流量控制还可以用于限制或过滤特定类型的流量。例如可以实施访问控制策略，禁止或限制对特定网站或协议的访问。流量过滤有助于提高网络的安全性和性能。

④负载均衡

流量控制技术还可用于实现负载均衡，即将流量在多个网络路径或设备之间进行分布，以避免某一路径或设备过载。负载均衡提高了网络的吞吐量、可靠性和可扩展性。

总体来说，流量控制是软件定义网络中的重要概念，通过管理和调整网络中的数据流量，实现对带宽、优先级、服务质量和安全性的有效控制。它的目标包括带宽管理，分配优先级和服务质量，流量限制和过滤，以及负载均衡。了解流量控制的基本概念和目标对于设计和管理 SDN 非常重要。下面将探讨 SDN 中流量控制的具体技术和实现方式。

（2）OpenFlow 协议中的流表和流量匹配

OpenFlow 协议是软件定义网络中用于实现控制平面和数据平面分离的关键协议之一。它定义了网络设备上的流表和流量匹配规则，使控制器可以通过编程方式对网络流量进行灵活的控制和管理。

在 OpenFlow 中，流表是用于存储流量匹配规则和相关操作的数据结构。每个流表包含一系列的流表项，用于描述如何处理网络中的数据流。下面是流表中常见的字段和操作：

①匹配字段

流表项中的匹配字段用于指定要匹配的流量特征，例如源 IP 地址、目的 IP 地址、源端口、目的端口等。这些字段可以根据需要进行组合，以实现更精确的流量匹配。

②动作集（Action Set）

动作集定义了在流表匹配成功后要执行的操作。例如可以定义转发动作、丢弃动作，修改报文头部等。OpenFlow 支持多种动作，可以根据需要自定义动作。

③优先级

每个流表项都有一个优先级，用于确定流量匹配时的顺序。优先级较高的流表项将先被匹配和执行动作，可以根据网络策略和需求对优先级进行调整。

④计数器（Counter）

流表项可以关联计数器，用于统计匹配到该项的流量信息，如流量的包数、字节数等。计数器对于网络监控和性能评估非常有用。

在流表中，流量匹配是按照流表项的优先级和匹配字段进行的。当网络中的数据流经过设备时，设备会按照流表的顺序逐个匹配流表项，并执行与匹配成功的流表项关联的操作。如果数据流没有匹配到任何流表项，则可以根据默认规则进行处理，如转发到控制器进行进一步处理或直接丢弃。

通过 OpenFlow 协议中的流表和流量匹配，SDN 可以实现灵活的流量控制和管理。控制器可以通过编程方式向网络设备下发流表项，实时调整网络中的流量处理策略，实现各种网络功能和服务，如流量隔离、虚拟网络划分、安全策略等。

需要注意的是，流表项的设计和配置需要根据具体的网络需求和拓扑结构进行调整。合理的流表设计可以提高网络的性能和效率，同时，也需要考虑设备的硬件能力和资源限制。

总体来说，OpenFlow 协议中的流表和流量匹配提供了一种灵活且可编程的方式，使 SDN 可以对网络流量进行精确的控制和管理。通过定义流表项的匹配字段、动作集和优先级，SDN 可以实现各种网络功能和服务，为网络提供更高的灵活性和可扩展性。

（3）QoS 技术在 SDN 中的应用

在 SDN 中，QoS 技术是一种重要的流量控制机制，它旨在通过为不同类型的数据流分配不同的优先级和资源来提供更好的网络服务。QoS 技术在 SDN 中的应用可以帮助网络管理员根据业务需求和服务级别协议（SLA）来管理和优化网络性能，以确保关键应用的可靠性和性能。

QoS 技术在 SDN 中的应用包括以下几个方面：

①流量分类

QoS 可以通过识别和分类不同类型的数据流来实现流量控制。SDN 控制器可以根据流量的源 IP 地址、目的 IP 地址、端口号、协议类型等标识对数据流进行分类。然后，可以为不同类型的数据流分配优先级，并为高优先级流量分配更多的带宽和资源，以确保关键应用的优先传输。

②带宽管理和调度

SDN 中的 QoS 技术可以用于带宽管理和调度，以避免网络拥塞和资源浪费。通过实时监测网络流量情况，SDN 控制器可以动态地分配带宽，并对流量进行调度，以确保关键应用获得足够的带宽和低延迟的传输。

③延迟和丢包控制

QoS 技术在 SDN 中可以用于控制延迟和减少数据包丢失。通过设置流量的最大延迟和最大丢包率等参数，SDN 控制器可以监测和控制流量的传输性能。例如可以为实时音视频应用分配较低的延迟和较低的丢包率，以提供良好的用户体验。

④预留带宽和隔离流量

SDN 中的 QoS 技术还可以用于预留带宽和隔离流量，以满足特定业务的需求。通过为关键应用预留一定的带宽，可以确保它们始终具有可靠的网络连接和良好的性能。同时，SDN 还可以利用虚拟网络划分和隔离技术，将不同业务的流量隔离开来，避免互相干扰。

总体来说，QoS 技术在 SDN 中的应用主要表现在通过流量分类、带宽管理、延迟控制、丢包控制、预留带宽和隔离流量等手段来优化网络性能，提供更好的服务质量和用户体验。而通过灵活的编程模型和集中的控制，SDN 使得 QoS 的配置和管理更加简化和可控，使网络管理员能够更有效地应对不同应用的需求和网络环境的变化。

3. SDN 中的流量管理和负载均衡

（1）流量管理的重要性和挑战

流量管理是 SDN 中一项至关重要的任务，它涉及对网络中的数据流进行有效的监测、控制和优化。流量管理的目标是确保网络的高性能、可靠性和安全性，同时，最大限度地利用网络资源。然而，流量管理面临着一些重大挑战。

首先，网络流量的不确定性是流量管理的一个重大挑战。网络中的数据流具有高度的动态性和随机性，随时可能会发生变化。应用程序和用户的行为会导致流量的突发性增加或减少，这给网络管理员带来了预测和应对上的困难。

其次，流量管理需要考虑网络中各种不同类型的流量。网络中的数据流可能包括实时流量（如语音和视频）、大数据传输，以及各种应用程序的数据交互。这些不同类型的流量具有不同的特点和要求，需要采用不同的管理策略来满足其需求。

再次，另一个挑战是网络拓扑的复杂性。现代网络通常包括多个交换机、路由器和链路，构成了一个庞大的网络拓扑结构。在这样的网络中，流量管理需要考虑如何在不同的设备之间动态地路由和分配流量，以避免拥塞和性能下降。

最后，流量管理还需要解决安全性和隐私保护的问题。随着网络攻击和数据泄露事件的增多，确保流量的安全性和隐私性变得尤为重要。流量管理技术需要能够检测和阻止潜在的安全威胁，并保护用户的数据免受未经授权的访问。

综上所述，流量管理在 SDN 中具有重要性和挑战。通过采用智能的流量管理策略，可以优化网络性能，提高用户体验，并保证网络的安全性。下面将介绍 SDN 中常用的流量管理技术，以及如何应用负载均衡技术来优化网络性能。

（2）SDN 中的流量管理技术

在 SDN 中，流量管理是一项关键任务，旨在优化网络性能、提高服务质量和确保网络安全。SDN 中的流量管理技术通过灵活的控制平面实现对网络流量的监控、调度和优化。以下是关于一些常见的 SDN 中流量管理技术的概述：

①流量监测和分析

SDN 的控制器可以利用网络流量监测和分析技术，来实时获取关于网络流量的信息。通过收集和分析数据包的元数据，控制器可以了解流量模式、带宽利用率、延迟等指标。这些信息可以用于制定有效的流量管理策略。

②流量调度和优化

SDN 控制器可以根据流量特征和网络策略，对网络流量进行调度和优化。通过动态改变流量的路由路径或调整流量的优先级，控制器可以实现负载均衡和带宽优化。这样可以确保流量在网络中均匀分布，减少拥塞和延迟，提高网络的性能和可靠性。

③流量控制和限速

SDN 允许管理员对网络流量进行精确的控制和限速。通过在网络设备上下发流表规则，控制器可以实现对特定流量的限制、过滤或重定向。这样可以有效管理带宽资源，提供不同的流量类别和不同的服务，并保护网络免受恶意流量的影响。

④动态策略调整

SDN 中的流量管理技术允许管理员根据网络需求和环境变化，动态地调整流量管理策略。通过监测网络性能指标和应用需求，控制器可以实时调整流量管理规则，以适应不同的流量模式和服务需求。这样可以实现灵活的网络控制和资源分配，提高网络的适应性和效率。

需要注意的是，不同的 SDN 架构和控制器可能支持不同的流量管理技术。因此，在选择和实施流量管理技术时，需要考虑具体的 SDN 部署环境和需求，并结合控制器的功能和特性进行选择。流量管理技术的综合应用可以为 SDN 提供更高效、可靠和安全的网络服务。

（3）SDN 中的负载均衡技术

在 SDN 中，负载均衡是一项关键技术，用于在网络中分配和平衡流量负载，以实现网络资源的最佳利用和提高性能。SDN 的灵活性和可编程性，使负载均衡技术能够更加智能和高效地应用于网络中。

SDN 中的负载均衡技术基于控制器对网络流量进行实时监控和管理。以下是一些常见的 SDN 负载均衡技术：

①基于流量规则的负载均衡

SDN 控制器可以基于特定的流量规则来分配流量。例如可以根据源 IP 地址、目标 IP 地址、协议类型等标识符将流量分配到不同的路径或服务器上。这样可以避免某些路径或服务器过载，实现负载均衡。

②动态负载均衡

SDN 控制器可以实时监测网络流量负载，并根据实时情况调整流量分配策略。通过收集和分析网络流量数据，控制器可以确定哪些路径或服务器负载较低，并将流量动态地重新分配到负载较低的路径或服务器上，以实现负载均衡。

③弹性负载均衡

SDN 中的负载均衡技术还可以提供弹性和自适应性。当网络流量增加或减少时，控制器可以根据需求自动调整负载均衡策略，以确保网络的高性能和可

靠性。这种弹性负载均衡技术，可以根据实际需求分配更多或更少的资源，并动态地适应流量的变化。

④服务质量负载均衡

SDN 可以结合 QoS 技术实现负载均衡。通过在流量分配时考虑不同服务的优先级和需求，控制器可以确保关键应用或服务的优先处理，从而提供更好的用户体验和性能。

SDN 中的负载均衡技术为网络提供了更好的资源和性能。它可以帮助网络管理员实现对网络流量的动态控制和管理，提升用户体验，并确保网络的高可用性和可靠性。通过灵活的编程和智能的负载均衡策略，SDN 为网络负载均衡提供了更大的灵活性和可定制性。

第 3 章　电子政务网络的特点和需求

第 1 节　电子政务网络的关键特点和安全要求

本节将深入探讨电子政务网络的关键特点和安全要求。电子政务网络是政府信息化建设的核心部分，是政府提供服务、决策、管理的重要工具。这样的网络环境有其特殊性，首先体现在网络的广泛连通性和接入性上。政府部门的业务需求多种多样，从行政办公、公共服务提供、政策发布，到紧急事件处理等，因此，电子政务网络需要提供强大的接入能力，以满足各种政务服务和用户的需求。这就意味着它必须支持各种不同的设备和连接方式，包括固定和移动的互联网接入，以及各种不同的应用和服务。

另外，电子政务网络包含多种不同的网络元素和服务，如服务器、路由器、交换机、防火墙等，这些元素和服务需要在复杂的网络环境中进行高效的组织和管理，这就形成了复杂的网络结构和服务组织。

同时，还需要注意电子政务网络的安全要求。政府信息系统的重要性、复杂性和公开性使其成为网络攻击的主要目标。因此，政府和公众对电子政务数据的安全性有很高的要求，电子政务网络必须保证数据的安全和完整性。无论是公民个人信息，还是关于国家安全、公共安全的敏感数据，其安全性都是至关重要的。电子政务网络必须提供安全的接入和传输服务，以防止非法的接入和数据泄露。而且，电子政务网络必须具备强大的网络防护和恢复能力，以应对各种网络攻击和故障。

下面将具体探讨如何满足上述要求，以及如何应用先进的网络技术来提高电子政务网络的安全性和效率。在这个过程中，会涉及一系列的网络技术和安全策略，这些都将是我们接下来讨论的重点。

1. 关键特点

（1）广泛的连通性和接入性

电子政务网络是一个全方位、全天候、全民覆盖的服务体系，它需要在任何时间、任何地点为所有的用户提供访问和服务。为了实现这一目标，广泛的连通性和接入性成为电子政务网络的关键。

连通性主要体现在电子政务网络需要提供广泛的网络接入和互连能力上。为了满足公民、企事业单位、政府机关等多种用户的需求，电子政务网络需要支持各类设备（如电脑、手机、平板等）通过多种方式（如有线、无线、移动网络等）进行接入。这涉及各种网络技术的综合应用，包括有线网络如以太网、光纤网络，无线网络如 Wi-Fi、4G、5G，以及其他如卫星通信、专用线路等的连接。

接入性不仅仅是指物理层面的连接，更重要的是应用层面的接入。电子政务网络需要支持各种不同的政务服务和应用，例如政务公开、行政审批、公共服务、危机管理等。为了实现这些服务和应用的有效接入，电子政务网络需要提供统一、开放、标准化的接口和协议，使各种服务和应用能够无缝地接入网络，实现数据的共享和交换。此外，为了提供优质的用户体验，电子政务网络还需要提供简单、快捷、安全的接入方式，使得用户能够轻松、方便地使用各种政务服务。

广泛的连通性和接入性，也意味着电子政务网络需要具备高度的灵活性和适应性。由于政务服务和用户需求的多样性和变化性，电子政务网络需要适应各种不同的网络环境、设备类型、连接方式、服务应用等。为了实现这一点，电子政务网络需要采用一些先进的网络技术和架构，例如 SDN、NFV、云计算、大数据等。这些技术能够使电子政务网络具有高度的动态性、可配置性、可扩展性，以应对各种复杂和变化的需求。

广泛的连通性和接入性还需要政府的支持和推动。这包括建设和升级网络基础设施，制定和实施网络接入和互联的政策和规定，推动和支持网络技术和应用的创新和发展，以及提供网络教育和培训，提高公民的网络素养和使用能力等。

总的来说，广泛的连通性和接入性是电子政务网络的关键特点，它需要政府、网络运营商、设备制造商、服务提供商、用户等各方的共同努力和合作，以实现电子政务网络的全方位、全天候、全民覆盖。

（2）复杂的网络结构和服务组织

电子政务网络必须支持各种服务，这包括政务公开、行政审批、公共服务、危机管理等，这些服务涉及多个部门、机构和系统，需要通过复杂的网络结构进行连接和整合。同时，这些服务和应用也需要高效、灵活的组织和管理，以提供优质、高效的服务。

首先，电子政务网络具有一定的复杂性。电子政务涉及的政府部门和机构众多，包括但不限于教育、医疗、社保、税务、环保、交通等，每一个部门都有各自的信息系统和服务平台，因此，电子政务网络就像一张大网，将这些不同的系统和平台连接在一起。为了实现数据和信息的有效共享，电子政务网络需要采用统一的网络协议和数据格式，同时，还要考虑到各个系统和平台的特性和需求。此外，电子政务网络还需要连接到公共互联网，为公民和企业访问政务信息和服务提供可能。这就涉及网络接入、网络安全、数据传输等多个方面的问题。

其次，电子政务服务的组织也非常复杂。政府需要通过政务门户网站提供一站式的政务服务，公民和企业可以在这里找到各自需要的政务信息和服务。这就需要对政务服务进行分类和整理，提供易用的搜索和导航功能。此外，政务服务需要进行流程化设计，通过网上表单、电子签名、在线支付等方式，实现政务服务的在线办理。同时，政府需要提供服务热线、咨询窗口等服务渠道，以满足不同用户的需求。政务服务的组织还涉及服务的质量和效率，政府需要通过数据分析、用户反馈、服务监控等方式，持续提高政务服务的质量和效率。

在实际操作中，电子政务网络的构建和服务的组织需要考虑许多问题。首先是技术问题，比如，如何选择适合的网络技术和设备，如何设计和优化网络结构，如何实现服务的自动化和智能化等。其次是管理问题，比如，如何进行项目管理、资源管理、风险管理等，如何进行服务质量管理、服务效率管理等。最后是政策问题，比如，如何制定和实施相关的政策和法规，如何处理数据安全、隐私保护等问题。这些问题需要政府、企业和社会各方共同努力，才能得到有效的解决。

总的来说，电子政务网络的结构和服务组织是一个复杂的系统工程，涉及多个技术、管理和政策问题。但只有解决好这些问题，电子政务才能真正实现其目标，为公民和企业提供优质、高效、方便的政务服务。

2. 电子政务网络的安全要求

（1）数据安全和完整性

电子政务涉及大量的政务数据和信息，这些数据种类繁多，包括公民个人信息、企事业单位信息、政策法规、行政决策、公共服务记录等。在电子政务的运行过程中，这些数据的安全和完整性对保障政府的公信力，维护公民的权益，确保社会稳定具有至关重要的作用。

在确保数据安全的过程中，首先需要实施有效的数据加密措施。在电子政务网络中，数据在存储、传输和处理的过程中都需要进行有效的加密。加密技术可以确保即使数据被未经授权的个体获取，也无法解读其内容，有效保护了数据的安全。在具体实施过程中，可能需要应用多种加密算法，如对称加密、非对称加密和哈希函数等，以满足不同类型数据的保护需求。同时，加密密钥的管理也至关重要，需要实施严格的密钥生命周期管理，包括密钥的生成、分发、更新和销毁，以防止密钥泄露和被滥用。

除了数据加密，访问控制也是保障数据安全的重要措施。电子政务网络中的数据应只能被授权的个体访问和使用。因此，需要实施有效的身份认证和权限管理机制，以确定每个用户的身份和其可以访问和使用的数据。这可能包括密码认证、数字证书、生物特征认证等多种认证方式，以及基于角色、基于属性、基于上下文的多种访问控制策略。

同时，防止数据的丢失和破坏也十分重要。电子政务网络需要实施数据备份和恢复机制，以应对可能的硬件故障、软件故障、人为错误、自然灾害等情况。这可能包括定期或实时的数据备份，以及在必要时的数据恢复。在具体实施过程中，可能需要考虑备份的频率、范围、目标、媒介等因素，以确保备份的有效性和及时性。同时，也需要制定和测试恢复的策略和流程，以确保在发生故障时，可以快速和有效地进行数据恢复。

然而，尽管采取了上述各种措施，但仍然可能出现数据泄露、被篡改、丢失等情况。这就需要实施有效的数据完整性保护机制，以确保数据的完整性和一致性。这可能包括使用哈希函数、数字签名等技术检验数据的完整性，以及使用版本控制、事务管理等技术保证数据的一致性。

在实际实施过程中，可能会面临许多挑战，如技术的复杂性、人员的素质、法规的限制、资源的限制等。为了有效应对这些挑战，可能需要进行科学的规划、精细的设计、严格的实施和持续的改进。同时，也需要建立一个全面的安全管理体系，包括政策制定、组织建设、人员培训、技术引入、过程监控、风险管理等各个环节，以确保数据安全的全方位、全过程管理。

总的来说，电子政务网络中的数据安全和完整性是一个复杂而重要的问题，需要通过多种技术、方法和措施进行有效的保护。随着技术的发展和环境的变化，未来的电子政务网络可能会面对更多的威胁和挑战，但也会有更多的机遇和可能，需要我们持续关注和努力。

（2）安全的接入和传输

电子政务网络是一个包含大量敏感信息的系统，因此，保护网络的接入和数据传输的安全是至关重要的。接入和传输的安全主要包括：保证用户的安全接入，保护数据在传输过程中的安全，以及预防非法的接入和数据泄露。

首先，我们来谈谈如何保证用户的安全接入。用户在使用电子政务服务时，通常会通过各种设备和网络进行接入，包括个人电脑、手机、公共互联网、政府内部网络等。为了保证接入安全，电子政务网络需要采用一系列的技术和措施。例如使用安全的接入方式，如虚拟专用网络（VPN）、专用线路等；采用身份认证和权限管理，如用户名和密码、数字证书、生物特征认证等，防止非法用户的接入；通过使用网络防火墙、接入控制列表等，对接入的设备和网络进行控制和过滤。

其次，一定要保护数据在传输过程中的安全。数据传输的安全主要涉及两个方面：一是保证数据的机密性，防止数据在传输过程中被窃听或泄露；二是保证数据的完整性，防止数据在传输过程中被篡改或损坏。为了实现这两个目标，电子政务网络需要采用各种安全的传输协议和技术。例如使用安全套接字层（SSL）或传输层安全性（TLS）等协议，对数据进行加密，保护数据的机密性；使用消息认证码（MAC）或数字签名等技术，对数据进行校验，保证数据的完整性。同时，也需要对网络进行监控和审计，及时发现和处理网络攻击和数据泄露。

再次，还要预防非法的接入和数据泄露。非法的接入和数据泄露不仅可能导致敏感信息泄露，而且可能对政府的公信力和公民的权益造成严重损害。为了防止出现这种情况，电子政务网络需要采用多种防护措施。

例如使用防火墙和入侵检测系统（IDS）来检测和防止非法的接入和网络攻击。防火墙可以对接入和出口的网络流量进行控制和过滤，阻止非法的接入和数据传输。入侵检测系统可以通过分析网络流量和行为模式，发现和报告潜在的网络攻击和异常行为。此外，还可以使用安全信息和事件管理（SIEM）系统来集中管理和分析来自不同源的安全事件和日志，提供全面和一致的网络安全视图。

最后，电子政务网络还需要提供强大的数据泄露防护（DLP）能力。数据泄露防护系统可以通过分析和控制数据的存储、使用和传输，防止敏感数据泄露。例如可以对敏感数据进行分类和标记，对敏感数据的访问和传输进行特殊的控制和审计；可以使用数据加密和脱敏技术，保护敏感数据的机密性；还可以使用数据丢失和盗窃的预防技术，如远程擦除、设备锁定等，防止数据丢失和盗窃。

总的来说，保护电子政务网络的接入和传输安全，不仅需要使用先进的技术和设备，还需要建立和实施有效的安全政策和管理机制。例如需要制定接入和传输的安全标准和规定，确保各级政府和部门遵守和实施；需要进行定期的安全审计和检查，发现和纠正安全问题；还需要进行定期的安全培训和教育，提高全体员工的安全意识和技能。

这些措施可以确保电子政务网络的接入和传输的安全，提供安全、可信的政务服务，保护政府的公信力和公民的权益。

（3）网络防护和恢复能力

电子政务网络作为政府与公民、企事业单位进行信息交流的重要平台，其安全状况直接关系到国家安全、社会稳定以及公民的利益。因此，电子政务网络必须具备强大的防护和恢复能力，以应对各种可能出现的网络安全威胁。

首先，网络防护是电子政务网络安全的重要层面。它需要从网络接入、传输、应用等各个环节进行全方位防护，预防和抵御各种网络攻击。具体的防护手段有以下几种：

①防火墙

作为网络防护的第一道防线，防火墙可以根据预设的规则控制网络数据包的进出，阻止不安全的网络连接和攻击。例如防火墙既可以禁止来自不可信网络的连接，也可以禁止对敏感端口的访问。

②入侵检测和防御系统（IDS/IPS）

这些系统可以实时监控网络流量，识别和防止各种已知的攻击。例如当IDS/IPS检测到异常流量模式时，它可以自动阻断攻击，或者发送报警信息给管理员。

③安全扫描和审计工具

这些工具可以定期扫描网络设备和系统，发现和修复安全漏洞，也可以审计网络行为和事件，找出可能的安全隐患。

恢复能力是指当网络遭受攻击故障后，能够迅速恢复正常工作的能力。这是一个非常重要的安全要求，因为即使我们采取了各种防护措施，也无法完全避免所有的攻击和故障。当网络遭受攻击或出现故障时，我们需要迅速修复问题，恢复服务，将损失最小化。这需要具备强大的恢复能力，包括以下几个方面：

①数据备份

数据是电子政务的核心，我们必须确保数据的安全。数据备份是保护数据安全的基本手段。我们应该定期备份数据，以防止数据丢失。同时，也应该考虑使用离线备份或远程备份，以防止网络攻击导致备份数据被损害。

②灾难恢复

除了备份数据，还需要准备灾难恢复方案。灾难恢复方案应该详细规定在不同情况下，如何恢复数据和服务。例如如果主数据中心遭受攻击，可以切换到备用数据中心，继续提供服务。

③网络冗余

网络冗余是通过添加额外的网络设备和连接，提高网络的可用性和稳定性。当网络的某一部分出现问题时，我们可以利用冗余的设备和连接，继续提供服务。

④安全培训和教育

人员因素是网络安全的重要环节。我们应该定期对员工进行安全培训和教育，提高他们的安全意识，教会他们如何应对各种网络攻击和故障。

在电子政务网络中，网络防护和恢复能力是重要的安全需求。需要通过各种技术和措施，增强网络的防护和恢复能力，提高网络的安全性和稳定性。未来，随着网络技术的发展和网络威胁的增多，电子政务网络将面临更大的挑战，但也将有更多的机会，需要通过提高网络的防护和恢复能力，保护电子政务网络的安全。

本节主要探讨了电子政务网络的关键特点和安全要求。从广泛的连通性和接入性到复杂的网络结构和服务组织，可以看到，电子政务网络的关键特点是其多元性和复杂性。在一个多元化的网络环境中，电子政务网络需要满足各种政务服务和用户的需求，这就要求电子政务网络必须具备广泛的接入能力，支持各种不同的设备和连接方式，并且能够在复杂的网络环境中高效地组织和管理网络元素和服务。

然而，随着网络规模的扩大和复杂性的增加，安全问题也愈发突出。电子政务网络的安全要求，主要包括数据安全和完整性、安全的接入和传输及网络防护和恢复能力。数据安全和完整性是电子政务网络的基础，因为政府和公众对电子政务数据的安全性有很高的要求。此外，电子政务网络还必须提供安全的接入和传输服务，以防止非法的接入和数据泄露。最后，面对各种网络攻击和故障，电子政务网络必须具备强大的网络防护和恢复能力。

总的来说，电子政务网络是一个复杂的系统，其特点和安全要求都要求我们在网络的设计和管理中投入大量的精力和资源。为了建设和维护一个安全、高效的电子政务网络，不仅需要理解和掌握相关的技术和方法，还需要关注和应对各种安全和管理上的挑战。电子政务网络的发展和完善将是一个持续的过程，它将继续推动政府的信息化和服务的创新，同时，也需要持续地投入和努力。

第 2 节　电子政务网络的性能和可扩展性需求

本节将详细探讨电子政务网络在性能和可扩展性需求方面的关键问题。随着政务服务数字化的步伐加快，政府部门需要更加高效、灵活和安全的网络环境来提供服务和处理数据。本节的主要目标是概述电子政务网络的性能需求和可扩展性需求，并理解这些需求如何影响网络的设计和运行。

首先，电子政务网络的性能需求。在电子政务网络中，性能需求主要包括高速的数据传输和处理以及实时的网络监控和管理。高速的数据传输和处理能力是电子政务服务提供高质量用户体验的关键。此外，实时的网络监控和管理不仅能确保网络的稳定运行，还可以在问题发生时及时进行调整和修复，避免影响政务服务的提供。

其次，电子政务网络的可扩展性需求。随着政府服务的不断扩大和深化，政府网络的需求也在不断变化，这就要求电子政务网络具有很好的可扩展性。可扩展性需求主要体现在网络的动态扩展和升级以及服务的动态添加和调整。通过动态扩展和升级网络，可以满足政务服务和用户需求的变化。服务的动态添加和调整则可以快速响应新的服务需求，提供更多元化的政务服务。

在详细探讨这些需求的同时，还要注意相关的技术和方法，并通过具体的实例和案例阐述在满足这些需求过程中可能面临的挑战和问题，以及未来的发展趋势。本节的内容有助于读者深入理解电子政务网络的性能和可扩展性需求，以及这些需求对网络设计和运行的影响。

1. 性能需求

（1）高速的数据传输和处理

在当前数字化时代，电子政务网络的核心功能之一是高效地处理和传输大量的数据。数据在电子政务中发挥着至关重要的作用，它是政务服务提供的基础，是决策制定的依据，是效能提高的驱动力。数据的处理和传输能力，直接决定了电子政务网络服务的效率和质量，也直接影响了公众对电子政务网络的满意度和信任度。

电子政务网络的数据极其丰富和复杂，不仅包括传统的文字和数值数据，还包括图片、音频、视频等复杂的多媒体数据。例如：政务公告和政策文件包含大量的文字和数值数据；公共服务和应急管理需要使用地理信息和卫星图像；公共安全和法规执法需要处理声纹和面部识别等生物特征数据；公众参与和社区互动需要处理公众的言论和反馈，包括文本、音频、视频等多种形式。这些数据的规模和复杂性，都对电子政务网络提出了很高的要求。

首先，电子政务网络需要支持高速的数据传输。无论是内部的数据流转，还是与公众的数据交互，都需要快速的传输速度，以保证服务的及时性和连续性。高速的数据传输需要依赖高性能的网络设备和技术，例如高速的网络接口、宽带的网络连接、快速的路由器和交换机等。同时，数据传输还需要考虑网络的稳定性和可靠性，例如防止数据的丢失和错误，保证数据的完整性和一致性。

其次，电子政务网络需要提供高效的数据处理。数据处理包括数据的搜集、清洗、整合、分析、存储等多个环节。每个环节都需要高效的处理能力，以应对大规模和复杂的数据。数据处理需要依赖强大的计算设备和技术，例如高性能的服务器、大容量的存储设备、快速的数据处理软件等。同时，数据处理还需要考虑数据的安全和隐私，例如保护数据的机密性和完整性，防止数据泄露、被滥用。

此外，针对复杂的多媒体数据，电子政务网络还需要采用高效的数据编码和压缩技术。由于多媒体数据的体积大，传输和处理的难度大，直接影响了电子政务网络服务的速度和效果。因此，需要通过数据编码和压缩技术，对数据进行优化，提高传输和处理的效率。数据编码技术包括各种音视频编码技术、图片编码技术、文本编码技术等，可以将原始数据转换成便于传输和处理的格式。数据压缩技术包括各种有损和无损压缩技术，可以减小数据的体积，节省网络带宽和存储空间。

电子政务网络的数据处理和传输能力，不仅决定了电子政务网络服务的效率和质量，也决定了电子政务网络的可用性和可达性。在很多地方，特别是在发展中国家和偏远地区，网络环境的限制是影响电子政务推广和使用的主要因素。因此，电子政务网络需要针对不同的网络环境和用户设备，提供相应的优化和适配，例如采用低带宽的数据传输技术、提供轻量级的数据处理服务、支持离线和缓存等技术。

为了满足电子政务网络的高速数据传输和处理需求，需要进行多方面的技术研究和应用。首先，需要研究高性能的网络和计算设备，提高设备的性能和效率，满足大规模和复杂数据的处理需求。其次，需要研究高效的数据处理和管理技术，包括数据清洗、数据整合、数据分析等技术，提高数据处理的速度和质量。再次，需要研究高效的数据编码和压缩技术，优化数据的传输和存储，提高网络的利用率和存储的效率。最后，需要研究网络优化和适配技术，使电子政务网络能够在不同的网络环境和用户设备上提供高质量的服务。

通过高速的数据传输和处理，电子政务网络能够更好地服务于公众，提供高效、准确、及时的政务服务，增强公众对政府的信任度和满意度，推动政府的信息化、智能化和服务化。这是电子政务网络发展的重要目标，也是技术发展的重要推动力。

（2）实时的网络监控和管理

电子政务网络的成功运行与管理离不开精确和实时的网络监控。网络监控在确保政务服务平稳运行，提供优质的用户体验以及应对潜在的网络安全风险方面起着至关重要的作用。

实时监控网络设备的运行状态是电子政务网络的一项基础任务。网络设备，如路由器、交换机、服务器、防火墙等，构成了电子政务网络的核心基础设施。这些设备的性能和稳定性直接影响电子政务网络的运行效率和服务质量。因此，对这些设备的运行状态进行实时的监控，是确保电子政务网络正常运行的基础。例如设备的 CPU 使用率、内存使用情况、硬盘容量等，是网络管理员需要密切关注的关键指标。一旦发现这些指标的异常变化，如 CPU 的使用率突然飙升，或者硬盘剩余容量快速下降，网络管理员需要立即进行排查和处理，以防止设备故障导致网络服务中断。

实时监控网络连接的质量同样重要。电子政务网络中的服务和应用，如在线办事、数据查询、电子支付等，都依赖于稳定可靠的网络连接。因此，网络管理员需要对网络连接进行实时的监控，以确保网络的稳定性和连通性，这包括监控网络的带宽使用情况、数据包的丢失率和延迟情况以及网络错误和攻击事件等。例如如果发现某个网络链路的带宽使用率持续过高，可能会导致该链路的网络延迟增大，从而影响政务服务的响应速度和用户体验。在这种情况下，网络管理员需要对该网络链路进行优化，或者增加链路的带宽，以解决网络瓶颈问题。

网络流量监控是实时网络监控的另一关键组成部分。电子政务网络作为一个开放的、多用户共享的公共平台，面临着大量复杂且不断变化的网络流量。因此，对网络流量进行实时的、细致的监控，是确保网络性能和服务质量的重要手段。网络流量监控不仅包括监控网络的总体流量情况，例如网络的流入流量和流出流量、峰值流量和平均流量等；也包括监控网络的具体流量情况，例如各个服务的流量占比、各个用户的流量使用情况、流量的来源和去向等。通过对网络流量的实时监控，网络管理员可以了解电子政务网络的使用情况，发现网络问题，优化网络资源的分配和使用。

另外，对政务服务的运行状态进行实时的监控，是保证政务服务质量的重要措施。政务服务，如在线办事、电子支付、数据查询等，是电子政务网络的主要功能。这些服务的稳定性和效率，直接影响政务工作的进行和公众的满意度。因此，对这些服务的运行状态进行实时的监控，是必不可少的。例如服务的响应时间、服务的错误率、服务的并发用户数等，都是需要密切关注的关键指标。一旦发现服务的运行状态出现问题，例如服务的响应时间突然增大，或者服务的错误率上升，网络管理员需要立即进行排查和处理，以防止服务质量下降或服务中断。

实现实时网络监控的关键，是采用先进的监控技术和管理系统。例如网络性能管理（NPM）工具，可以实时收集和分析网络设备的运行状态和网络连接的质量情况，提供实时的监控数据和报警通知；网络故障管理（NFM）工具，可以自动检测和识别网络故障，提供快速的故障定位和恢复功能；服务质量管理（SQM）工具，可以实时监控和评估政务服务的运行状态和服务质量，提供服务优化和改进的依据。通过采用这些先进的监控技术和管理系统，电子政务网络可以实现高效、准确的实时网络监控，保证网络的稳定运行和服务的高质量。

2. 可扩展性需求

（1）网络的动态扩展和升级

电子政务网络的规模和性能，需要根据政务服务和用户需求的变化进行动态的扩展和升级。为了应对这种变化，电子政务网络必须具备高度的灵活性和可扩展性。这样，无论是通过增加网络设备、提高网络性能，还是改进网络结构，都能实现网络的扩展和升级。在进行动态扩展和升级时，还需要考虑网络的平滑迁移、兼容性、成本效益等因素，以实现电子政务网络的持续、稳定和高效运行。

首先，我们来看一下电子政务网络的动态扩展。电子政务网络的规模和复杂性意味着它必须能够处理大量的数据流和服务请求，这需要电子政务网络具备强大的扩展能力。扩展能力的实现，一方面，依赖于增加网络设备，例如增加服务器、路由器、交换机等，来提供更多的网络资源和服务能力。另一方面，依赖于提高网络设备的性能，例如提高服务器的处理能力、提高路由器的转发能力、提升交换机的交换能力等，来处理更大的数据流和服务请求。

电子政务网络的动态扩展还依赖于网络结构的改进。随着网络规模的增加和服务需求的变化，原有的网络结构可能无法满足新的需求，需要进行相应的改进。改进的方式可能包括修改网络的物理布局，例如增加新的网络区域、增设新的网络线路等；也可能包括修改网络的逻辑结构，例如调整网络的路由策略、优化网络的流量分配等。

其次，我们来看一下电子政务网络的动态升级。随着网络技术的发展和服务需求的提升，电子政务网络需要持续升级，以提供更好的网络性能和服务质量。升级的方式可能包括更新网络设备的硬件，例如升级服务器的 CPU、内存、硬盘等，以提供更强的数据处理和存储能力；也可能包括更新网络设备的软件，例如升级操作系统、应用软件、管理工具等，以提供更好的功能和性能。

电子政务网络的动态升级还需要考虑到网络的兼容性。在升级过程中，需要保证新的设备和软件与原有的网络环境兼容，以避免影响网络的正常运行。为了实现这一点，可以采用各种兼容性策略和技术，例如使用标准的设备和协议、使用兼容的软件版本和配置、使用平滑的升级和迁移方式等。

电子政务网络的动态扩展和升级还需要考虑到成本效益的问题。电子政务网络的扩展和升级需要投入大量的资源和成本，需要确保其带来的效益能够超过投入的成本。为了实现这一点，可以采用各种成本效益分析和优化方法，例如进行需求预测和资源规划、进行性能评估和成本比较、进行风险评估和成本控制等。

最后，电子政务网络的动态扩展和升级是一个复杂的系统工程，需要全面考虑各种因素和需求，进行合理的规划和设计，实施有效的管理和控制，以实现电子政务网络的持续、稳定和高效运行。这需要深入理解和掌握网络技术和管理知识，积极探索和尝试新的理念和方法，不断提高电子政务网络的构建和运营水平。

（2）服务的动态添加和调整

电子政务网络需要支持服务的动态添加和调整，以满足各种新的服务需求。政府信息化的水平和公众对服务的需求始终在不断变化和升级，而电子政务网络作为支撑这些服务运行的基础设施，必须具备高度的灵活性和可扩展性，才能跟上这种变化的步伐。

这种动态性体现在以下几个方面：首先，随着政府信息化的深入，会有新的政务服务不断被提出和实现，例如新的公共服务、新的政策宣传、新的公众互动等。这些新的服务可能需要新的网络功能和性能，或者需要和其他服务协同工作。电子政务网络需要提供有效的机制和接口，支持新服务的快速添加和部署。

其次，现有的政务服务也可能需要进行功能和性能的调整。例如某个服务可能由于使用人数的增加、数据量的增长、业务流程的变化等原因，需要提高网络性能、增加数据存储、改变数据处理等。或者，某个服务可能需要增加新的功能，例如增加新的数据查询、增加新的用户互动、增加新的安全防护等。这些调整可能需要在网络层面进行相应的修改和优化，电子政务网络需要提供灵活的配置和管理功能，支持服务的这种动态调整。

最后，一些不再需要的服务可能需要被停止或者替换。例如某个旧的服务由于政策的变化、技术的更新、需求的变动等原因，已经不再适应当前的情况，需要被新的服务替换。或者某个服务由于效果不佳、成本过高、问题频发等原因，需要被暂时或永久停止。这些停止或者替换的操作可能会涉及网络资源的回收、数据的迁移、接口的关闭等复杂的工作，电子政务网络需要提供安全可靠的机制，保证服务的平滑转换和网络的稳定运行。

服务的动态添加和调整需要考虑多个因素。首先，服务的设计和实现需要符合网络的条件和要求，例如网络的性能、网络的接口、网络的协议等。这可能需要服务的设计者和实现者有一定的网络知识和技能，或者需要有专门的网络工程师参与服务的开发和部署。其次，服务的接入和发布需要遵守网络的管理规则和操作流程，例如服务的注册、服务的测试、服务的审批等。这可能需要有专门的网络管理员进行监督和指导，或者需要有专门的网络管理系统进行自动化的处理。最后，服务的监控和管理需要持续进行和改进，例如服务的运行状态、服务的使用情况、服务的问题反馈等。这可能需要有专门的网络监控工具和方法，或者需要有专门的网络服务团队进行定期的检查和维护。

电子政务网络的这种动态性和可扩展性，使政务服务可以更快、更好地适应社会的变化和公众的需求，提供更高效、更贴心、更安全的服务。同时，也使政府的信息化工作更加灵活、更加开放、更加创新，推动政府办公的现代化，增进公众福祉。

然而，服务的动态添加和调整也带来了一些挑战和问题。例如如何设计和建成更加开放、更加灵活、更加智能的网络系统？如何制定和执行更加完善、更加公正、更加高效的网络管理规则？如何培养和使用更加专业、更加敬业的网络人才？这些都需要我们进一步的探讨和解决。

未来，公众期待电子政务网络可以更好地支持服务的动态添加和调整，以更好地服务于政府和公众，也期待电子政务网络可以和其他的技术和领域（例如云计算、大数据、人工智能等）更加紧密地结合，以实现更大的价值和意义。同时，我们也期待电子政务网络可以持续改进和创新，以迎接更多的挑战和机遇。

电子政务网络面临着来自各方的严格要求，尤其在性能和可扩展性方面，这是因为政府和公众都期待通过这种网络，获得高效、快捷、方便的政务服务。

首先，电子政务网络必须提供高性能的服务，包括高速的数据传输和处理能力以及实时的网络监控和管理能力。这确保了政府能够快速有效地处理大量数据，以提供及时、准确、全面的政务服务。同时，实时的网络监控和管理能力确保了网络的稳定运行，为公众提供了高质量的服务体验。

其次，电子政务网络必须具备强大的可扩展性，包括网络的动态扩展和升级能力以及服务的动态添加和调整能力。这保证了电子政务网络能够随着政务服务和用户需求的变化，进行灵活、及时的调整和扩展，以满足新的需求和挑战。

总的来说，电子政务网络的性能和可扩展性需求体现了政府对提供优质政务服务的坚定决心和努力。通过满足这些需求，电子政务网络有望为公众提供更加便捷、高效、个性化的政务服务，推动政府的现代化办公和公共服务的改进。同时，满足这些需求也面临许多新的挑战和机遇，需要政府、企业、研究机构等多方共同努力，进行创新和改进。

第 3 节　电子政务网络中的隐私和数据保护问题

1. 用户隐私的保护

（1）用户隐私的定义与重要性

在电子政务网络中，用户隐私主要包括两方面的内容：第一，个人信息，如姓名、身份证号、住址、电话号码、电子邮件地址等，这些都是用户的基本信息，需要得到严格的保护。第二，通信秘密，即用户在使用电子政务服务时，与政府部门之间的交互信息，包括查询、申报、审批、支付等过程中产生的数据，这些数据往往涉及用户的个人权益，甚至可能包含用户的商业秘密，因此，也需要得到严格的保护。

保护用户隐私在电子政务中的重要性不言而喻。首先，隐私是每个公民的基本权利，政府有责任和义务保护公民的隐私权，包括在电子政务网络中。其次，保护用户隐私是提高公众对电子政务信任度的关键。如果公众对电子政务的隐私保护有足够的信任，他们就更愿意使用电子政务服务，这对于电子政务的发展具有积极的推动作用。

（2）电子政务网络的隐私保护措施

电子政务网络为了保护用户隐私，通常会采取以下措施。

首先，数据加密。数据加密是一种通过特定算法将数据转化为密文的过程，只有拥有密钥的人才能解密并获取原始数据。在电子政务网络中，加密技术广泛应用于用户身份认证、数据传输、数据存储等环节，保证了即使数据在传输过程中被拦截或者存储数据被非法访问，攻击者也无法获取到实质内容。

其次，访问控制。访问控制是一种保护信息安全的机制，主要是通过限制非授权用户对资源的访问来保护信息的机密性和完整性。在电子政务网络中，访问控制通常包括用户认证、权限管理、会话管理等多个环节，确保只有经过认证的用户才能访问其权限范围内的服务和数据。

最后，匿名处理。匿名处理是一种保护用户隐私的方法，主要是删除或替换数据中可以识别个人身份的信息，使数据处理和分析不会泄露个人隐私。在电子政务网络中，匿名处理主要应用于数据分析和共享环节，通过匿名处理，政府可以在保护用户隐私的同时，利用大数据技术进行政策研究和决策支持。

（3）隐私保护措施的优点与限制

电子政务网络中的隐私保护措施具有多方面的优点。首先，可以有效保护用户隐私，提高公众对电子政务的信任度。其次，可以防止数据泄露引发的安全风险，维护网络和信息安全。最后，可以满足法律法规对于隐私保护的要求，避免政府因为隐私保护不力引发的法律纠纷。

然而，这些措施也有一些限制。首先，技术措施并不能完全防止人为的疏忽和失误，例如用户的密码泄露、工作人员的误操作等，都可能导致隐私泄露。其次，当前的隐私保护技术还存在一些未解决的问题，例如如何在保护隐私的同时，支持对数据的深度挖掘和利用。最后，隐私保护需要投入大量的资源，包括技术研发、系统建设、人员培训等，这对于一些资源有限的政府部门来说，是一大挑战。

总的来说，电子政务网络中的用户隐私保护是一项长期而复杂的任务，需要政府、企业和社会共同努力，不断研发和应用新的技术和方法，提高隐私保护的水平和效果。

2. 隐私保护的法律和政策

（1）关键法律文本和条款解析

在电子政务的环境中，了解和解读有关隐私保护的法律文本和条款至关重要。这些法律不仅为隐私定义了清晰的框架，还对个人信息的处理和保护做出了规定。

首先，我们要关注的是《数据保护法》。这是一套关于如何正确处理和存储个人信息的法律规定。例如在欧洲，《通用数据保护条例》（GDPR）设定了严格的规则，要求公司在处理居民数据时必须得到明确的同意，且只能用于规定的目的。这意味着政府部门也需要遵循类似的规则，必须在搜集、处理和存储公民信息时确保数据安全，并仅在得到明确同意的情况下使用这些数据。

其次，《信息自由法》（FOIA）则从另一个角度保护了公民的隐私权。例如在美国，《信息自由法》允许公民查看政府文件，但也设定了一些例外情况，以防止公民隐私被无理侵犯。这样，当公民或媒体试图获取包含他人隐私的文件时，这些信息将会被红线处理，以保护被涉及个人的隐私。

总的来说，《数据保护法》和《信息自由法》等关键法律文本和条款，都为保护个人隐私设立了清晰的指南和限制，防止了公民隐私被不合理使用或公开。然而，随着电子政务和其他网络技术的发展，公众也需要持续关注这些法律的更新和改变，以保证隐私保护措施的及时性和有效性。

（2）法律对电子政务网络设计和操作的影响

在电子政务网络的设计和操作中，法律规定起到了指导性的作用。对电子政务服务的提供者来说，理解和遵循这些法律规定，特别是那些与隐私和数据保护有关的法律，是至关重要的。下面将详细探讨如何在电子政务网络的设计和操作中应用这些法律原则。

首先，在电子政务网络的设计阶段，数据保护法律通常要求实施数据最小化原则。这意味着政府应尽量减少收集、存储和处理个人数据的数量和种类，只收集和使用完成特定任务所必需的最少数据。例如在设计在线服务申请表格时，设计者应避免搜集不必要的个人信息，如除非法律要求，否则不应询问申请人的婚姻状况或健康状况。同样，设计者应使用合适的技术手段，如数据匿名化，以最小化处理个人数据的风险。

其次，法律规定也深刻影响着电子政务网络的日常运营。一方面，为保证数据安全，电子政务网络需要定期进行安全评估，并根据评估结果调整安全措施。例如如果新的安全威胁出现，网络运营者可能需要更新其加密算法或增加额外的访问控制。另一方面，为保证数据隐私，电子政务网络需要在处理个人数据时，严格遵循数据保护法的要求。例如如果政府想要将个人数据用于新的目的，除非这个新的目的与原来收集数据的目的兼容，否则政府需要再次获取数据主体的同意。

综上所述，法律对电子政务网络的设计和操作有重要影响。通过理解和遵循相关法律规定，电子政务网络可以更好地保护用户隐私，增强公众对政府的信任，提高政府服务的质量和效率。

（3）法律执行：政府如何保护个人隐私

随着信息技术的不断发展，政府通过电子政务系统为公众提供各种服务，但同时也可能搜集和处理大量的个人信息。因此，政府如何通过执行相关法律和政策来保护公民的隐私成了一项重要的任务。

首先，政府需要在立法层面设定明确的隐私保护规定。这包括定义什么是个人信息，规定政府部门在搜集、存储、处理和使用个人信息时需要遵循的原则和规定，例如数据最小化原则、目的明确原则、公开透明原则等。同时，法律还应明确规定政府部门在搜集和使用个人信息时需要获得个人的明确同意，以及个人有权知道其信息被如何收集和使用，并有权对其不正确的信息进行更正。

然后，政府需要通过各种方式来确保这些隐私保护规定的执行。这可能包括设立专门的机构或部门来监督和检查政府部门的信息处理活动，例如数据保护委员会或信息保护办公室等。这些机构或部门可能需要进行定期的审计和检查，以确保政府部门遵守隐私保护规定，并对发现的问题和违规行为进行纠正和处罚。

此外，政府还需要对违反隐私保护规定的行为进行有效的处罚。这可能包括对违规的政府部门进行警告、罚款，或者给予其他的行政处罚以及对严重的违规行为进行刑事追责。这样可以引起政府部门对隐私保护的重视，提高他们遵守隐私保护规定的意识。

总的来说，政府通过设立和执行隐私保护规定以及对违反隐私保护规定的行为进行处罚来保护公民的隐私，这对于建立公众对电子政务的信任，提高电子政务的接受度和使用率具有重要的意义。同时，这也是政府履行其保护公民基本权利尤其是隐私权的重要表现。

（4）法律和政策执行面临的挑战和问题

在执行隐私保护法律和政策时，政府和相关机构常常会面临一些挑战和问题。这些挑战和问题通常涉及如何在公开透明与个人隐私之间找到平衡，如何提高公众对隐私保护重要性的认识以及如何处理跨国的隐私保护问题。

首先，如何在公开透明与个人隐私之间找到平衡，是一个复杂而微妙的问题。政府需要提供公开的服务和信息以满足公民的需求和权利，同时，又需要

保护公民的个人隐私。例如政府可能需要公开公务人员的职务和工作情况，但同时又需要保护他们的个人信息。同样，政府需要收集和处理大量的公民信息以提供公共服务，但又需要遵守数据最小化和目的限制等原则，以保护公民的隐私。

其次，如何提高公众对隐私保护重要性的认识，也是一个重大的挑战。许多公民可能没有意识到他们的信息被收集和处理的情况，也可能没有意识到保护个人隐私的重要性。政府需要通过教育和宣传，提高公众的隐私保护意识，并促进他们参与到隐私保护的行动中来。

最后，如何处理跨国的隐私保护问题，也是一个重要的问题。随着全球化和互联网的发展，数据的跨国流动成为常态。各国的隐私保护法律和政策可能存在差异，这可能给跨国数据流动和隐私保护带来问题。政府需要与其他国家和国际组织合作，协调和调整他们的法律和政策，以保护跨国数据流动中的隐私。

以上挑战和问题需要政府和社会共同努力予以解决，这也是电子政务发展中的重要议题。

3. 数据的加密和匿名化

(1) 数据加密和匿名化的概念和重要性

数据加密和匿名化是两种重要的数据保护技术，它们在电子政务网络中扮演着关键的角色。

数据加密是一种通过使用特定的算法（或称为“密钥”），将原始数据（或称为“明文”）转化为不易被理解的信息（或称为“密文”）的技术。只有通过相应的解密算法和密钥，密文才能恢复为原始的明文。这个过程可以保证数据在存储、处理和传输过程中的安全性，防止数据被未经授权的第三方窃取或篡改。例如当公民通过电子政务网络提交个人信息或敏感文件时，数据加密可以保护这些数据不被恶意黑客截取或滥用。

而数据匿名化则是一种技术，通过对数据进行处理，使得数据中的个体不能被识别，从而保护个体的隐私。例如在搜集和处理健康状况、收入状况等公民个人信息时，政府可能会使用数据匿名化技术，以遵守隐私保护法律，同时，又能进行必要的数据分析。

在电子政务网络中，数据加密和匿名化的重要性不言而喻。随着信息技术的发展，公民与政府之间的互动越来越依赖网络平台。这些平台每天都会处理大量包含公民个人信息和敏感数据的交易，如税务申报、社保查询、公共服务申请等。因此，如何在保证数据利用的同时，确保数据安全和个人隐私，就成了电子政务网络必须面对的重要问题。

数据加密和匿名化技术提供了一种可能的解决方案。通过这两种技术，电子政务网络不仅可以保护公民的个人数据不被非法获取和利用，也可以在尊重和保护公民隐私的基础上，有效地进行数据分析和服务优化。这对于增强公民对电子政务的信任，提高政务服务的质量和效率，都具有重要的意义。

（2）数据加密在电子政务网络中的应用

在电子政务网络中，数据加密技术的应用是至关重要的。通过对数据进行加密处理，可以有效地防止数据在传输过程中被未经授权的人员窥探和篡改，从而保障公民的隐私权和政府的信息安全。

公钥加密是一种常用的加密技术。它利用一对密钥，即公钥和私钥，进行数据加密和解密。公钥用于加密数据，任何人都可以获取并使用公钥对信息进行加密；私钥则用于解密数据，只有私钥的持有者才能解密通过公钥加密的信息。这种方式允许信息在网络中安全地传输，即使在未加密的公开网络中，数据也能得到保护。在电子政务网络中，公钥加密被广泛用于保护通信的安全，如电子邮件、网页等。例如当公民在电子政务平台上填写个人信息时，这些信息会被公钥加密，然后安全地发送到服务器；只有拥有私钥的政府服务器才能解密这些信息。

一次性密码是另一种常用的加密技术。如其名所示，一次性密码是一种只能使用一次的密码。每次通信时都会生成一个新的一次性密码，即使密码在通信过程中被窃取，也无法被用于未来的通信。在电子政务网络中，一次性密码通常用于身份验证。例如当公民登录电子政务平台时，系统可能会通过短信或电子邮件发送一个一次性密码给公民，公民必须输入这个一次性密码才能完成登录。

在现实中，许多电子政务平台都采用了这些加密技术。例如我国全国社保基金一站式服务平台就采用了公钥加密和一次性密码技术，以确保公民的社保信息安全。公民在使用服务时，他们的个人信息会被公钥加密，然后通过网络安全地发送到服务器；而在登录平台时，公民会接收到一个一次性密码，需要输入这个一次性密码才能登录。通过这种方式，平台确保了公民的信息安全，同时，提供了便捷的服务。

总的来说，数据加密技术在电子政务网络中的应用，是保护公民隐私和政府信息安全的重要手段。公钥加密和一次性密码是常用的加密技术，它们的应用可以有效地防止未经授权的数据访问和使用，从而提高电子政务网络的安全性。

（3）数据匿名化在电子政务网络中的应用

数据匿名化是电子政务网络中重要的数据保护手段之一。在今天的数字化世界中，个人数据的收集、存储和分析已成为一种常态，政府部门和公共机构也不例外。然而，这也给个人隐私带来了严重的威胁。如何在搜集和使用数据的同时保护个人隐私，是电子政务网络面临的一大挑战。

差分隐私是目前广泛应用于电子政务网络的一种匿名化技术。它是一种数学上的定义，用于描述当个人数据被纳入或排除在某个数据集中时，该数据集的统计性质如何变化。通过给数据添加一定的随机性，差分隐私可以确保即使攻击者得到了加工后的数据，也无法准确地推断出任何个体的具体信息。

具体来说，差分隐私工作的方式是在数据查询结果中添加一定的噪声。这个噪声足够大，可以隐藏单个数据点对查询结果的影响；但又足够小，不会对整体的查询结果造成显著影响。这样，即使攻击者获得了所有的查询结果，也无法确定任何个体的具体信息。

差分隐私在电子政务网络中应用广泛。例如在人口普查、公共卫生调查、交通流量统计等场景中，都可能涉及大量的个人数据。通过使用差分隐私，可以对这些数据进行匿名处理，使这些数据既可以用于公共决策，又不会泄露任何个体的隐私。

然而，应该注意的是，虽然差分隐私是一种强大的匿名化工具，但它并不是万能的。首先，差分隐私只能保护个体的特定信息，不能保护个体的所有信息。其次，差分隐私的效果取决于噪声的大小和数据的使用方式，如果使用不正确，可能会降低数据的实用性。最后，差分隐私也不能防止所有的攻击，特别是那些结合多个数据源的攻击。

因此，虽然差分隐私在电子政务网络中有广泛的应用，但仍然需要经过更多的研究和努力，以更好地平衡数据使用和隐私保护之间的关系。

（4）数据加密和匿名化技术的优点和限制

数据加密和匿名化技术是保护电子政务网络中数据安全和隐私的关键工具。这些技术的应用不仅可以防止未经授权的访问和使用，而且还可以提高公众对电子政务服务的信任度。这些技术有许多优点，但在实际应用中也存在一些限制。

首先，数据加密和匿名化技术的一个显著优点是它们能有效保护数据的机密性。通过使用这些技术，电子政务网络可以确保个人和机构的敏感信息不被未经授权的第三方获取。例如公钥加密可以让数据在传输过程中保持机密，而差分隐私则可以在保留数据集整体信息的同时，去除个人的识别信息。

其次，数据加密和匿名化技术的实现和维护，需要一定的计算和存储开销。尤其是对于拥有大量用户和大规模数据的电子政务网络来说，进行全面的数据加密和匿名化，可能会对系统性能产生影响。此外，随着技术的快速发展，加密和匿名化技术也需要不断更新，以防止新的安全威胁。

另一个需要考虑的问题是技术和政策的冲突。在一些情况下，法律或政策可能要求电子政务网络提供用户数据，但这可能与加密和匿名化的目标相冲突。因此，电子政务网络需要找到一个平衡点，既能遵守法律和政策，又能保护用户隐私。

再次，数据加密和匿名化技术可能会被用户误解或恶意使用。一些用户可能不清楚这些技术的工作原理和目标，从而产生对电子政务服务的误解或不信任。同时，一些恶意用户可能会利用这些技术来隐藏非法活动或防止调查。

最后，从社会和法律的角度看，数据加密和匿名化技术还面临着一些其他的挑战和问题。例如公众可能对这些技术的复杂性感到困惑，而法律则需要跟上技术的发展，以确保数据的合法和合规使用。

总的来说，尽管数据加密和匿名化技术在保护电子政务网络中的数据安全和隐私方面发挥了重要作用，但在实际应用中，还需要考虑到这些技术的计算和存储开销、技术和政策的冲突、用户的误解和恶意使用等问题。通过从技术、经济、社会和法律等多个角度解决这些问题，可以更好地利用这些技术来提高电子政务服务的安全和信任度。

4. 数据备份和恢复

(1) 数据备份和恢复的定义和重要性

在电子政务网络中，数据是运行的基础和核心。无论是公民的个人信息，还是政府的重要决策，都以数据的形式存在于网络中。然而，由于各种原因，如硬件故障、软件错误、人为操作失误或者恶意攻击，这些重要的数据有可能丢失或者损坏。为了保障电子政务服务的正常运行，确保数据的安全和完整，需要进行数据备份和恢复的工作。

数据备份，简单来说，就是将电子政务网络中的重要数据复制并保存到另一个安全的位置，这样即使原始数据出现问题，也可以从备份中恢复。备份可以按照不同的策略进行，例如定时备份、全量备份、增量备份等，根据实际的数据特性和业务需求选择合适的策略。

数据恢复则是在数据丢失或损坏后从备份中恢复数据的过程。恢复的目标不仅是恢复丢失的数据，还需要尽可能快地恢复数据，以减少数据丢失对电子政务服务的影响。恢复的过程可能涉及复杂的技术和过程，例如数据校验、数据重建、系统恢复等。

在电子政务网络中，数据备份和恢复的管理工作至关重要。首先，电子政务涉及大量的公民个人信息和政府重要数据，这些数据的丢失或损坏可能会对公众服务、社会稳定乃至国家安全造成严重影响。其次，电子政务服务通常需要 24 小时全天候运行，任何服务中断都会影响到公众的利益和政府的形象。通过数据备份和恢复，我们可以在数据问题发生后快速恢复服务，保证公众的正常需求。最后，良好的数据备份和恢复也是数据安全管理的重要组成部分，它可以帮助政府抵御数据泄露、数据篡改等安全威胁，保护公众的隐私和权益。

(2) 数据备份技术

电子政务网络的数据备份技术主要是为了确保政务活动的连续性，及时和有效地恢复系统运行并防止数据丢失。以下是一些常用的数据备份类型和策略：

第一，完全备份是最基本但也是最耗时的备份类型。它包括备份电子政务系统中的所有文件和数据。每次备份都会复制系统上的所有数据，无论数据是否自上次备份后有过更改。尽管完全备份可能会占用大量的存储空间和备份时间，但其优点在于恢复过程简单且速度快。当发生系统故障或数据丢失时，只需从最近的完全备份中恢复，即可将系统恢复到备份时的状态。

第二，增量备份是一种更为高效的备份策略。与完全备份不同，增量备份仅备份自上次备份（无论是完全备份还是增量备份）后发生更改的文件和数据。这大大减少了需要备份的数据量，节省了存储空间和备份时间。然而，其恢复过程可能比完全备份复杂，因为它需要从最近的完全备份以及所有相关的增量备份中恢复数据。

第三，差分备份是介于完全备份和增量备份之间的备份类型。它备份自上次完全备份后发生更改的所有文件和数据。这意味着，每次差分备份可能包含重复的数据，从而占用更多的存储空间。但在恢复过程中，只需要最近的完全备份和最近的差分备份，就能恢复到备份时的系统状态，这比增量备份的恢复过程要简单。

每种备份技术都有其特定的适用场景。完全备份适用于数据量不大或数据变化不频繁的电子政务系统。增量备份和差分备份则更适合数据量大且经常变化的电子政务系统。在实际应用中，可能会根据具体的系统特性和业务需求，采用一种或多种备份技术的组合，以达到最优的备份效果和效率。

（3）数据恢复技术

数据恢复技术在电子政务系统中起着至关重要的作用，因为这样的系统不能承受数据丢失。数据恢复的目标是在数据丢失或损坏后尽快将其恢复到可用状态，以确保政务服务的连续性和稳定性。

数据恢复技术主要分为三类：文件级恢复、系统级恢复和灾难恢复。

文件级恢复是最基本的数据恢复形式。它侧重于恢复个别文件或目录。当用户误删文件或文件损坏时，可以通过文件级恢复从备份中提取丢失的文件。文件级恢复通常适用于解决小规模的数据丢失问题，而且操作相对简单，可以迅速找回丢失的数据。

系统级恢复则针对的是整个系统的数据恢复。如果操作系统发生故障，或者硬盘损坏导致大量数据丢失，那么，需要通过系统级恢复来恢复整个操作环境。系统级恢复通常需要专业的数据恢复工具或服务，以及完整的系统备份。

灾难恢复是在大规模数据丢失或系统崩溃的情况下进行的恢复。这可能涉及整个数据中心或网络的恢复。灾难恢复通常需要复杂的规划和准备，包括灾难恢复计划、备份策略、应急设备和场地等。灾难恢复的目标是在最短的时间内恢复服务，防止更大的损失。

总的来说，数据恢复技术是电子政务系统中不可或缺的一部分。对于不同规模和类型的数据丢失，需要选择合适的恢复技术来进行处理。同时，数据恢复也是一个复杂的过程，需要合理的策略和工具，以及专业的知识和技能来进行操作。

（4）RAID 和远程备份

在电子政务网络的数据安全防护中，RAID（冗余独立磁盘阵列）和远程备份是两种极为重要的技术。

RAID 是通过将数据分布在多个硬盘上，以提高数据可靠性或提高系统性能的一种存储技术。RAID 的各种配置（称为“级别”）提供了不同程度的数据保护和系统性能。例如 RAID 0（条带化）将数据分布在所有驱动器上，提供最高的读写性能，但不提供冗余，一旦一个驱动器失效，所有数据都将丢失。而 RAID 1（镜像）将所有数据都写入两个或更多的硬盘，虽然存储容量被减半，但提供了高度的数据冗余和可靠性。RAID 5（存储解决方案）和 RAID 6（增强陈列的数据保护的方法）等更复杂的配置提供了条带化和冗余的平衡解决方案，可在单个或多个硬盘故障时保持数据的完整性。

远程备份是另一种强大的数据保护技术。与传统的本地备份（例如在同一位置的不同磁盘或磁带上备份数据）不同，远程备份将数据复制并存储在与原始数据地理位置不同的地方，通常是在远程数据中心或云存储上。这种做法的好处在于，即使发生本地灾难（例如火灾、洪水或地震等），也能保障数据的安全性，因为备份数据存储在远离这些影响的地方。远程备份也方便了跨地域的数据恢复，提高了电子政务服务的灵活性和稳健性。

尽管 RAID 和远程备份提供了很强的数据保护，但它们并不是万能的。RAID 并不能代替备份，因为它无法防止因软件错误、病毒、恶意攻击或用户错误导致的数据丢失。而远程备份可能面临数据传输安全、备份时间长、数据一致性和合规性等问题。因此，在电子政务网络中实施数据安全策略时，应该结合使用多种技术，并持续跟踪和优化，以应对不断变化的威胁和挑战。

（5）数据备份和恢复的挑战和限制

在电子政务网络中，数据备份和恢复过程会遇到一些挑战和限制。

第一，随着数据量的不断增长，备份和恢复的复杂性也在不断增加。大量的数据需要更多的存储空间和更长的备份时间，这使得数据备份和恢复变得更加困难。此外，数据的恢复过程也可能会花费很长时间，特别是当需要恢复大量数据时，这可能会影响到政务服务的持续提供。

第二，备份数据的安全性也是一个重要的挑战。备份数据可能包含敏感的个人信息和重要的政府数据，如果这些数据泄露，可能会带来严重的后果。因此，电子政务网络需要采取一些措施来保护备份数据的安全，例如数据加密、访问控制等。

第三，数据备份和恢复的成本也是一个需要考虑的因素。数据备份和恢复需要额外的硬件设备和软件，以及相关的运维人员和资源，这会增加电子政务网络的运营成本。因此，电子政务网络需要找到一种在保证数据安全和恢复能力的同时，尽可能降低成本的方式。

为了应对这些挑战，电子政务网络可以通过技术创新和政策管理，来提高数据备份和恢复的能力。例如可以采用新的数据压缩技术和分布式存储技术来减少数据备份的存储空间和时间，使用更强大的数据加密技术来提高备份数据的安全性，以及采用自动化和云备份的方式来降低备份和恢复的运营成本。此外，政府还可以制定相关的政策和规定，例如数据保护法、信息安全法等，来规范数据备份和恢复的过程，以进一步保证数据的安全和恢复能力。

第 4 节　SDN 切换

1. SDN 切换的定义和特点

SDN 切换，是一种基于 SDN 技术的网络配置和管理方式。在这种模式下，网络的控制平面和数据平面分离，通过编程的方式实现网络设备的控制和管理，从而实现网络资源的灵活配置和高效利用。

SDN 切换的特点主要体现在以下几个方面：

SDN 切换可以根据网络的实时需求动态地调整网络资源的配置，如带宽、路由等，这种灵活性是传统网络无法比拟的。

通过编程的方式，SDN 可以实现网络设备的配置和管理的自动化，大大减少了人工干预的需要，提高了网络管理的效率。

SDN 切换的另一个重要特点是其可编程性。通过网络控制器，用户可以编写程序来控制网络设备的行为，从而更好地满足特定的业务需求。

由于 SDN 切换的网络控制平面和数据平面分离，因此，当需要增加新的网络设备或扩大现有网络的规模时，只需要对相应的控制平面进行编程即可，而不需要对现有的硬件设备进行大规模的修改或替换。

2. SDN 切换的基本原理和流程

（1）SDN 控制器的工作原理

SDN 控制器的工作原理，是一种基于软件定义网络架构的新型网络控制方式。在传统的网络中，网络的控制和管理通常是由硬件设备来完成的，例如路由器、交换机等。而 SDN 控制器则通过软件的方式来实现对网络的控制和管理，从而使得网络更加灵活、可编程和可定制。

SDN 控制器的工作原理可以简单概括为以下几个步骤：

①数据平面与控制平面分离

SDN 控制器将网络的数据平面和控制平面分离，数据平面负责处理数据的传输和转发，而控制平面则负责制定路由策略、流量调度等网络控制规则。

②集中式控制器

SDN 控制器作为集中式的控制中心，通过网络协议和接口与各个网络设备进行通信，接收来自数据平面的信息并进行处理。

③编程化配置

SDN 控制器支持通过编程的方式进行网络的配置和管理，用户可以根据实际需求编写相应的控制逻辑，从而实现对网络的自定义管理。

④动态网络拓扑

SDN 控制器可以根据网络流量的变化和用户需求的变化，实时调整网络的拓扑结构，以实现最优的网络性能和资源利用率。

⑤开放接口与标准化

SDN 控制器通常提供开放的接口和标准化的协议，与其他网络设备和服务进行集成，实现更广泛的应用和扩展。

（2）SDN 拓扑结构的设计

SDN 拓扑结构的设计是一个重要的过程，它涉及如何将网络的控制平面与数据平面分离，以便更好地管理和控制网络。在设计 SDN 拓扑结构时，需要考虑以下几个方面：

①网络架构设计

需要确定网络的整体架构，包括核心层、汇聚层和接入层等。这个设计应该基于应用需求和网络规模。

②控制器设计

控制器是 SDN 的核心，它负责管理和控制整个网络。设计控制器时，需要考虑其性能、可扩展性和安全性。

③数据平面设备设计

数据平面设备包括交换机、路由器等，它们直接与用户设备进行交互。设计数据平面设备时，需要考虑其性能、可靠性和成本。

④用户设备设计

用户设备是连接在 SDN 上的设备，如电脑、手机等。设计用户设备时，需要考虑其性能、易用性和兼容性。

⑤网络安全设计

由于 SDN 的开放性，网络安全成为一个重要的问题。设计 SDN 时，需要考虑如何实现有效的网络隔离和安全策略。

⑥协议选择

在选择协议时，需要考虑到协议的性能、稳定性和兼容性等因素。

⑦网络优化

在设计完成后，需要进行网络优化，以提高网络的性能和效率。

（3）SDN 切换的流程和步骤

在网络技术中，SDN 已经成为一种重要的网络架构。SDN 的出现，使得网络的管理和维护变得更加灵活和高效。然而，对于不熟悉 SDN 的人来说，可能会对 SDN 切换的流程和步骤感到困惑。

在 SDN 中，网络设备不再直接进行数据转发，而是通过控制器进行控制和管理。

SDN 切换的流程主要包括以下几个步骤：

①规划阶段

在开始切换之前，需要对现有的网络进行全面的评估，包括网络的规模、性能、安全性等方面。同时，也需要确定切换的目标，例如是提高网络的性能，还是简化网络的管理等。

②设计阶段

根据规划阶段的结果，设计新的 SDN。这包括选择合适的控制器，以及定义控制器和网络设备之间的接口和协议。

③实施阶段

在这个阶段，需要将新的 SDN 部署到现有的网络环境中。这可能需要修改网络设备的配置，或者升级网络设备的软件。

④测试阶段

在切换完成后，需要进行详细的测试，以确保新的 SDN 可以正常运行，并满足预定的性能和安全目标。

⑤运维阶段

在测试阶段确认没有问题后，就可以使用新的 SDN 进行日常的运维工作了。这包括监控网络的运行状态，处理网络故障，以及优化网络的性能等。

3. SDN 切换的技术架构和关键技术

（1）SDN 切换的技术架构设计

SDN 切换的技术架构设计是一种基于软件定义的广域网（WAN）技术，旨在实现网络资源的动态管理和优化。在现代企业网络中，传统的网络架构面临着诸多挑战，如网络拥塞、服务质量下降和资源利用率低等。为了解决这些问题，SDN 技术应运而生，它通过将网络控制平面与数据平面分离，实现了对网络的灵活配置和管理。

SDN 切换的技术架构设计，主要包括以下几个关键组件：

①SDN 控制器

SDN 控制器是整个系统的核心，负责对网络设备进行集中管理和配置。它通过收集和分析网络数据，生成相应的策略和规则，然后将这些策略和规则下发到各个网络设备上，从而实现对网络的动态控制。

②OpenFlow 协议

OpenFlow 协议是 SDN 控制器与网络设备之间的通信标准，它定义了一套通用的 API 接口，使 SDN 控制器可以与各种类型的网络设备进行交互。通过使用 OpenFlow 协议，SDN 控制器可以实现对网络设备的远程配置和故障诊断。

③SDN 交换机

SDN 交换机是一种新型的网络设备，它不仅具备传统交换机的功能，还支持 OpenFlow 协议。通过与 SDN 控制器的交互，SDN 交换机可以实现对端口状态的实时监控和流量的智能调度，从而提高网络的性能和可靠性。

④业务应用层

业务应用层是 SDN 切换的目标用户，它通常包括各种企业应用和服务。通过与 SDN 控制器的交互，业务应用层可以完成对网络资源的动态分配和调整，从而实现业务的快速部署和扩展。

在 SDN 切换的技术架构设计中，各个组件之间需要进行紧密的协作和配合。例如 SDN 控制器需要根据业务应用层的负载需求，来调整网络资源分配策略；而 SDN 交换机则需要根据 SDN 控制器的策略，来执行流量调度和故障处理。此外，为了保证系统的可扩展性和兼容性，还需要采用模块化的设计思路，对不同的功能模块进行拆分和封装。

总之，SDN 切换的技术架构设计，是一种以软件为中心的网络解决方案，它通过对网络资源的动态管理和优化，为企业提供更加灵活、高效和可靠的网络服务。随着 SDN 技术的不断发展和应用，未来的企业网络将会变得更加智能和自动化。

（2）SDN 控制器的实现和关键技术

在现代网络架构中，SDN 已成为一种重要的网络技术。SDN 控制器作为 SDN 的核心组件之一，扮演着管理和控制整个网络的关键角色。

首先，SDN 控制器的基本概念。SDN 控制器是一种基于软件的控制器，用于管理和控制网络设备和服务。与传统的网络设备相比，SDN 控制器具有更高的灵活性和可编程性，可以根据用户需求和策略动态地调整网络资源分配和流量控制。通过集中式的控制器，SDN 可以简化网络管理过程，提高网络的可靠性和性能。

其次，在传统网络中，各种网络协议是相互独立的，而 SDN 控制器通过协议转换技术将这些不同的协议统一起来，使不同厂商的设备能够互相通信和协同工作。这种统一的接口使得 SDN 控制器能够更好地管理和控制整个网络。

再次，是数据平面与控制平面分离技术（Data Plane and Control Plane Separation）。传统网络中的数据平面和控制平面紧密耦合在一起，导致网络的控制和管理复杂且低效。而 SDN 控制器通过将数据平面和控制平面分离，实现了网络的可编程性和可扩展性。数据平面负责数据的传输和处理，而控制平面则负责网络的策略制定和配置管理。这种分离使 SDN 控制器能够更加灵活地调整网络资源和控制流量。

此外，还有虚拟化技术（Virtualization）的应用。虚拟化技术可以将物理资源抽象为虚拟的资源池，从而实现资源的共享和动态调度。在 SDN 控制器中，虚拟化技术被广泛应用于网络设备的虚拟化部署和管理。通过虚拟化技术，SDN 控制器可以实现对多个物理设备的集中管理和监控，提高网络的可靠性和灵活性。

最后，开放可编程接口技术（Open Programmable Interface）。开放可编程接口是一种标准的通信接口，允许不同厂商的设备进行互操作和协作。通过开放可编程接口，SDN控制器可以与各种网络设备进行连接和通信，实现对整个网络的统一管理和控制。开放可编程接口不仅促进了SDN技术的发展和应用，也为网络的互联互通提供了可能。

综上所述，SDN控制器作为一种重要的网络技术，通过实现协议转换、数据平面与控制平面分离、虚拟化及开放可编程接口等关键技术，为网络的管理和发展带来了巨大的变革。随着SDN技术的不断演进和完善，相信它将在未来的网络架构中发挥越来越重要的作用。

（3）SDN切换的安全机制

在SDN中，网络安全机制是至关重要的。SDN切换是一种常见的网络管理策略，它允许网络管理员根据需要动态地更改网络设备的配置和连接。然而，这种灵活性也带来了新的安全挑战。因此，SDN切换中的安全机制成为研究的重点。

首先，SDN切换的安全机制需要确保数据的完整性和机密性。这意味着在网络设备之间的数据传输过程中，任何可能被攻击者利用的漏洞都应被有效地防止。这通常通过使用加密技术来实现，如SSL/TLS或IPsec等。

其次，SDN切换的安全机制还需要考虑到身份验证和授权。这是因为只有经过授权的用户才能执行网络设备的切换操作。这通常通过使用双因素认证或其他更高级的认证技术来实现。

最后，SDN切换的安全机制还需要考虑到审计和日志记录。这是因为这些信息可以帮助网络管理员监控网络的运行状态，并在出现安全问题时提供重要的线索。

总的来说，构建SDN切换的安全机制是一个复杂而重要的问题，需要综合考虑数据的安全性、身份验证和授权，以及审计和日志记录等方面。

第 4 章　软件定义网络在电子政务中的应用案例

第 1 节　SDN 在电子政务网络中的部署案例研究

1. 案例 1　某政府部门的 SDN 部署实践

在现代电子政务环境中，政府部门对网络的需求变得越来越重要和复杂。某政府部门作为一个重要的行政机构，需要满足以下网络需求，并面临相应的挑战：

（1）多部门协作与数据共享

该政府部门需要与其他相关部门进行频繁的协作和数据共享，以实现高效的政务办公。这就要求网络具备高带宽、低延迟的特性和可靠的连接，以支持快速、安全地共享大量的政府数据和信息。

（2）安全与隐私保护

政府部门处理的数据通常包含敏感信息，如个人身份信息、财务数据等。因此，网络安全成为一个至关重要的问题。政府部门需要确保网络能够提供强大的安全措施，如访问控制、数据加密和威胁检测等，以保护数据的安全和隐私。

（3）灵活的网络管理和扩展性

政府部门的网络需要具备灵活的管理和扩展能力，以适应不断变化的政务需求。传统网络往往难以满足快速部署、配置和管理的要求，导致效率低下和资源浪费。政府部门需要一种能够快速响应需求变化的网络架构。

（4）高可靠性和容灾性

政府部门的网络需要具备高可靠性和容灾性，以确保政务系统的稳定运行和持续可用性。任何网络中断或故障都可能导致政府服务中断，给公众和政府部门带来不便和损失。因此，政府部门需要一种具备故障恢复和备份机制的网络架构。

面对这些网络需求，传统的网络架构和管理方式往往无法完全满足政府部门的要求。因此，该政府部门决定采用 SDN 技术来应对这些挑战。SDN 通过集中化的控制平面和可编程的数据平面，为政府部门提供了一种灵活、安全且高效的网络架构，以满足其特定的需求和挑战。下面将详细描述 SDN 在该政府部门网络中的部署方案，并分析部署后的效果和优势。

在该政府部门的网络中，为了满足其特定的需求和挑战，采用了 SDN 技术进行网络部署。SDN 的部署方案如下：

（1）部署 SDN 控制器

在该政府部门的网络中，首先部署了 SDN 控制器。SDN 控制器是 SDN 架构的核心组件，负责网络的集中管理和控制。政府部门选择了一种符合其需求的可靠和可扩展的 SDN 控制器，并将其部署在云端或私有数据中心。

（2）SDN 交换机和路由器

政府部门部署了与 SDN 控制器兼容的 SDN 交换机和路由器。这些设备支持 SDN 协议，能够与 SDN 控制器进行通信和控制。政府部门根据网络拓扑和需求，选择了适合的 SDN 交换机和路由器，并进行相应的配置。

（3）SDN 应用和服务

政府部门根据其特定的需求，部署一系列 SDN 应用和服务。这些应用和服务可以通过 SDN 控制器进行编程和管理，以实现网络的灵活性和可定制性。例如政府部门可以部署用于流量管理和优化的 SDN 应用，或者实施用于网络安全和访问控制的 SDN 服务。

（4）集中管理和编程

通过 SDN 控制器，政府部门能够实现对整个网络的集中管理和编程。他们可以使用 SDN 控制器的管理界面，对 SDN 交换机和路由器进行配置、监控和故障排除。此外，政府部门还可以根据需要，通过编程接口进行自定义开发和

集成，以满足特定的业务需求。

通过以上 SDN 部署方案，该政府部门实现了对网络灵活性、可编程性的集中管理。这种部署方案为政府部门提供了以下优势：

第一，网络灵活性：SDN 的部署使得政府部门能够根据需要动态调整网络拓扑和配置，以满足业务需求的变化。

第二，集中管理：SDN 控制器提供了对整个网络的集中管理和监控，使得政府部门能够更加高效地管理网络设备和流量。

第三，定制化和编程能力：通过 SDN 应用和服务，政府部门可以自定义开发和部署特定的网络功能和服务，以满足其独特的需求。

第四，故障排除和快速恢复：SDN 的集中管理和编程能力使政府部门能够更快地检测和排除网络故障，并实现快速的网络恢复。

通过这一部署方案，该政府部门取得了显著的成果，提高了网络的性能、可管理性和安全性。这为其他政府部门以及类似组织 SDN 的部署和应用提供了有益的经验和启示。

在该政府部门的 SDN 部署实践中，部署后产生了一系列显著的效果和优势。以下是对这些效果和优势的详细分析：

（1）网络灵活性和可编程性的提高

通过 SDN 的部署，该政府部门的网络获得了更高的灵活性和可编程性。传统网络通常较为复杂，配置和调整网络设备需要耗费大量时间和精力，而 SDN 的中心化控制平台使网络管理人员可以通过软件定义的方式轻松配置和管理网络。这种灵活性和可编程性使得政府部门能够更快速地应对网络变化和需求，并实现快速部署和调整。

（2）网络管理的集中化和简化

SDN 的部署使得该政府部门能够在云管理平台上集中管理所有网络设备。网络管理人员可以通过一个中心化的控制平台对整个网络进行配置、监控和故障排除，而无须逐个设备进行管理。这种集中化和简化的网络管理极大地提高了管理效率，减少了管理工作量，使得政府部门的网络管理更加高效和便捷。

（3）网络性能和可靠性的提高

SDN 的部署对于政府部门的网络性能和可靠性产生了积极影响。通过 SDN

的流量工程和负载均衡功能，政府部门能够更好地利用网络资源，提高网络的性能和吞吐量。此外，SDN 的故障检测和恢复机制使得政府部门的网络更具弹性和鲁棒性，能够快速检测和恢复网络故障，减少服务中断时间，提高网络的可靠性和稳定性。

（4）安全性和隐私保护的增强

SDN 的部署也为政府部门的网络安全提供了保障。通过 SDN 的访问控制和安全策略的实施，政府部门能够更加精细地控制网络的访问权限，防止未经授权的访问和网络攻击。此外，SDN 的安全审计和监控功能使政府部门能够更好地监测网络安全事件和威胁，并能够快速响应和应对，增强了网络的安全性和隐私保护能力。

综上所述，该政府部门通过 SDN 的网络部署实践获得了多方面的效果和优势。这些包括网络灵活性和可编程性的提高、网络管理的集中化和简化、网络性能和可靠性的提高，以及安全性和隐私保护的增强。这些优势使得政府部门能够更好地满足网络需求，提高网络运营效率，并保障网络的稳定性和安全性。

2. 案例 2　城市智能化管理中的 SDN 应用

在当今数字化时代，城市智能化管理已经成为提高城市效率、提供更好公共服务和提高居民生活质量的重要目标。城市智能化管理涉及各个领域，包括交通、能源、环境、公共安全等。这些领域的智能化管理对网络的需求也越来越高。

（1）高带宽和低延迟要求

城市智能化管理需要实时收集和传输大量的数据，如交通流量、环境监测数据、视频监控等。为了实现实时的数据采集、传输和分析，城市智能化管理对网络带宽和延迟提出较高的要求，以保证数据的及时性和准确性。

（2）大规模设备连接和管理

城市智能化管理涉及大量的物联网设备和传感器，这些设备需要连接到网络并实现集中管理。因此，城市智能化管理对网络具备大规模设备连接和管理的能力，包括设备注册、配置管理、远程监控等功能。

（3）高度可靠和安全的通信

城市智能化管理的各个领域需要进行实时的数据交互和指令传递，如交通信号控制、能源调度等。因此，网络在城市智能化管理中需要具备高度可靠和安全的通信能力，以确保数据传输的可靠性和保密性。

（4）灵活的网络架构和服务支持

城市智能化管理需要灵活的网络架构，能够根据需求进行快速部署和调整。此外，网络还需要提供各种服务支持，如质量保证、优先级管理、服务分割等，以满足不同领域智能化管理的需求。

（5）数据安全和隐私保护

城市智能化管理涉及大量的敏感数据，如居民个人信息、交通路线等。网络在城市智能化管理中需要提供数据安全和隐私保护的机制，以防止数据泄露和被滥用。

综上所述，城市智能化管理对网络的需求包括高带宽和低延迟要求、大规模设备连接和管理、高度可靠和安全的通信、灵活的网络架构和服务支持，以及数据安全和隐私保护。基于此，采用 SDN 技术可以提供更灵活、可编程和智能的网络架构，以满足城市智能化管理的各项需求。下面将介绍 SDN 在城市智能化管理中的具体部署案例，并分析其中的创新和成效。

在城市智能化管理的背景下，网络作为连接各个智能化设备和系统的基础设施，扮演着至关重要的角色。为了满足城市智能化管理对网络的高性能、高可靠性和灵活性的需求，许多城市采用了 SDN 技术来进行网络部署和管理。以下是以一个具体的 SDN 在城市智能化管理中的部署案例，探讨 SDN 在该领域的应用和效果。

案例背景：

某城市计划实施全面的城市智能化管理，包括智能交通、智慧环保、智慧能源等多个领域。这些智能化系统需要高度可靠和高性能的网络来连接和协调各个设备和子系统。在面对传统网络架构的限制和挑战时，该城市决定采用 SDN 技术来进行网络部署和管理，以满足城市智能化管理的需求。

部署方案：

该城市的 SDN 部署方案基于一个中央控制器和分布式的 SDN 交换机构成。

中央控制器负责整个网络的全局管理和控制，而 SDN 交换机负责实际的数据转发和流量控制。部署方案具有以下特点：

（1）中央控制器架构

采用集中式控制器架构，该城市建立了一个中央控制器来统一管理和控制所有 SDN 交换机。中央控制器通过北向接口与各个智能化子系统进行集成，以获取实时的网络需求和流量信息。

（2）网络划分和隔离

基于 SDN 的网络虚拟化技术，该城市将网络划分为多个虚拟网络，以满足不同智能化系统的需求，并实现网络资源的隔离和共享。每个虚拟网络都由中央控制器进行灵活的配置和管理。

（3）智能化流量管理

通过 SDN 技术，该城市能够实现对流量的智能管理和优化。中央控制器可以根据智能化子系统的需求和网络状况，对流量进行动态调度和优先级控制，以确保关键应用的服务质量和网络性能。

（4）保障网络安全

SDN 架构可保障该城市网络安全。中央控制器可以实施安全策略和访问控制，对网络流量进行检测和过滤，并能够快速响应安全事件和威胁。

创新和成效：

通过以上的 SDN 部署方案，该城市实现了城市智能化管理中网络的高度灵活性和可控性。这带来了以下创新和成效：

（1）网络资源优化

SDN 的网络虚拟化和智能化流量管理功能，使得网络资源的利用率得到优化，提高了网络的灵活性和可扩展性。

（2）服务质量提升

通过 SDN 的动态流量调度和优先级控制，关键应用和服务的服务质量得到提高，保证了城市智能化系统的正常运行。

（3）安全性增强

SDN 架构下的网络安全增强措施，加强了城市智能化管理中的网络安全防御能力，提高了系统的稳定性和可信度。

（4）管理简化和集中化

通过中央控制器的集中管理和控制，该城市实现了网络管理的简化和集中

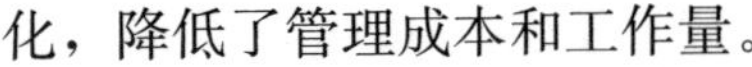

化，降低了管理成本和工作量。

总结：

通过应用 SDN 技术，该城市在城市智能化管理中取得了显著的成效。SDN 架构下的网络灵活性、可控性和安全性得到增强，为城市智能化管理提供了强有力的支持。该案例表明 SDN 在城市智能化管理中的部署应用是可行的，并具有广阔的发展前景。

在这些城市智能化管理的部署案例中，SDN 应用带来了以下创新和成效：

（1）网络的集中管理和控制

网络的集中管理和控制，是 SDN 技术在城市智能化管理中的一项重要创新。通过 SDN 的可编程性和中心化控制，城市各类智能设备和传感器可以被集中管理和控制，同时，提供统一的网络视图和管理接口。这一创新极大地简化了城市网络管理工作，并带来了诸多好处和优势。

首先，通过 SDN 的集中管理和控制，城市网络管理员可以从单个设备级别上升到整个网络的视角。传统网络中，网络管理员需要逐个设备进行配置和管理，工作量巨大且容易出现配置不一致的问题。而通过 SDN 技术，网络管理员可以通过集中的控制器对整个网络进行管理，从而避免了烦琐的设备级配置和管理工作。这大大简化了管理工作，提高了工作效率。

其次，SDN 的集中管理和控制提供了统一的网络视图和管理接口。通过网络控制器，网络管理员可以获得对整个网络的全局视图，了解网络的拓扑结构、设备状态和流量情况等。这使网络管理员能够更好地了解网络的运行状况，及时发现和解决问题。此外，SDN 提供了统一的管理接口，使得网络管理员可以通过一个平台完成对多种设备的配置和管理，而无须使用各种不同的设备管理工具。这样，网络管理员能够更加方便和高效地进行管理工作。

再次，SDN 的集中管理和控制使网络管理更加智能化和自动化。通过 SDN 控制器的编程能力，可以实现自动化的网络配置和策略下发。网络管理员可以使用编程语言和 API 来编写自定义的网络管理应用程序，从而实现特定的网络行为和策略。例如可以编写应用程序来自动优化网络流量，实施负载均衡，进行故障检测和恢复等。这样，网络管理可以更加智能化和自动化，减少了人工干预，提高了网络的灵活性和响应能力。

最后，SDN 的集中管理和控制还带来了更好的网络可扩展性和适应性。在城市智能化管理中，网络规模和设备数量通常很大，而且会随着城市的发展而不断增加。传统网络的扩展和升级往往是一项复杂和耗时的任务。

然而，通过 SDN 的集中管理和控制，网络的扩展和升级变得更加简单和灵活。可以通过对控制器的升级或添加新的控制器来支持新的设备和功能，而无须对整个网络进行大规模的改动。这为城市的快速发展和变化提供了更好的适应性。

总的来说，SDN 技术在城市智能化管理中的网络集中管理和控制方面带来了诸多优势。通过集中管理和控制，网络管理员可以从单个设备级别上升到整个网络的视角，简化了管理工作，提高了工作效率。统一的网络视图和管理接口使得网络管理更加方便和高效。智能化和自动化的网络管理使得网络管理更加智能化和自动化。而网络的可扩展性和适应性使得网络能够更好地适应城市的发展和变化。这些优势共同推动了城市智能化管理的实现，并为城市的可持续发展做出了贡献。

（2）灵活的网络配置和调整

SDN 技术的灵活性是其在城市智能化管理中的重要优势之一。通过提供可编程的网络控制平面，SDN 使网络能够根据实际需求进行灵活配置和调整，以支持快速部署和应对不同场景的需求变化。这种灵活性不仅提升了网络的可适应性和敏捷性，也为城市智能化管理带来了诸多优势和创新。

首先，SDN 的可编程性使得网络配置变得灵活而可定制。传统网络通常采用静态配置，一旦网络结构确定，调整和修改就变得困难和耗时。然而，城市智能化管理中，网络需求经常发生变化，例如新增设备、增加带宽需求或调整网络拓扑等。在 SDN 中，网络的控制平面与数据平面分离，控制平面通过控制器进行编程和配置。这种可编程性使得网络管理员可以根据实际需求，通过简单的编程操作来调整网络配置，而无须对网络设备进行物理更改。例如通过编程可以实现网络流量的优化、路径选择的调整，或者动态调整网络策略。这样，城市智能化管理中的网络可以根据需要快速适应变化的需求，提供更灵活和高效的服务。

其次，SDN 的灵活性提供了对网络服务的动态调整和优化的能力。在城市智能化管理中，网络的负载和服务需求，可能会随着时间和场景的变化而发生变化。SDN 的可编程控制平面使网络可以实时监测和分析流量模式、应用需求和网络状况，从而动态调整网络服务。例如当交通拥堵情况发生时，SDN 可以根据实时的交通数据调整交通信号灯的时序，优化交通流量。另外，SDN 还可以通过智能的流量调度和负载均衡机制，实现对不同应用的服务质量保证，提供更好的用户体验。通过这种动态调整和优化的能力，城市智能化管理中的网络能够更好地适应和响应变化的需求，提供更高效、智能化的服务。

此外，SDN 的灵活性也促进了网络资源的高效利用和共享。在传统网络中，通常基于静态配置和固定规则分配资源，这导致了资源的低效利用和不均衡。而在 SDN 中，网络的灵活性使得资源可以根据实际需求进行动态分配和优化。通过 SDN 控制器的智能调度和资源管理功能，网络管理员可以根据实时的需求情况，将网络资源分配给有需要的应用或服务，从而实现网络资源的高效利用。这种资源共享和优化的机制可以降低资源成本，提高网络的整体性能和效率，为城市智能化管理提供更可持续和经济的解决方案。

综上所述，SDN 技术的灵活性在城市智能化管理中发挥着重要作用。通过可编程的网络控制平面，SDN 使得网络能够根据实际需求进行灵活配置和调整，支持快速部署和应对不同场景的需求变化。这种灵活性使得网络配置变得灵活可定制，提供了对网络服务的动态调整和优化的能力，促进了网络资源的高效利用和共享。因此，SDN 在城市智能化管理中的应用可以提供更灵活、高效和智能化的网络服务，为城市管理和居民生活带来更多的便利和创新。

（3）实时数据处理和响应能力

实时数据处理和响应能力是指利用 SDN 的低延迟和高带宽特性，支持城市智能化管理系统对实时数据进行采集、传输和处理，并能够及时响应各种事件和决策需求。随着城市规模的不断扩大和人口的增加，城市管理面临着日益复杂的挑战。传统的城市管理方式已经无法满足城市管理的需求，因此，需要采用智能化的手段来提高城市管理的效率和质量。

在城市中，存在着大量的数据源，如传感器、监控设备、交通系统等，这些数据源不断产生大量的实时数据。这些实时数据包含着丰富的信息，可以用于监测城市的各种状况，例如交通流量、环境污染、能源消耗等。传统的数据处理方法需要将数据先收集到中心服务器，然后再进行处理和分析。然而，这种方式存在着延迟较高的问题，无法满足对实时数据的快速响应需求。

采用 SDN 技术，可以将数据处理的任务分布到网络边缘，实现数据的近源处理。SDN 具有低延迟和高带宽的特性，可以提供快速的数据传输和处理能力。通过在网络边缘部署智能化的设备和算法，可以对实时数据进行实时的分析和决策。例如在交通管理中，可以通过在路口部署智能交通信号灯和智能车辆识别系统，实时监测交通状况，并根据实时数据进行信号灯的优化控制，以缓解交通拥堵。

此外，实时数据处理和响应能力还可以应用于城市安全管理。通过在城市中部署大量的监控设备和人脸识别系统，可以实时监测城市的安全状况。当系统检测到异常事件时，可以迅速发出警报并采取相应的措施。例如在公共场所部署智能化的视频监控系统，可以实时检测人群密集度和异常行为，及时发现可能的安全威胁，并通知相关部门采取措施。

实时数据处理和响应能力还可以在城市能源管理中发挥作用。通过在城市中部署智能电表和能源监测系统，可以实时监测城市的能源消耗情况，并根据实时数据进行能源调度和优化。例如在高峰时段，系统可以通过实时数据分析，调整电网负载，以提高电网的效率和稳定性。此外，通过与可再生能源设施相连接，可以实现实时的能源管理和调度，提高能源利用效率。

除了上述应用领域，实时数据处理和响应能力还可以应用于城市环境监测、公共卫生管理、物流管理等方面。通过将传感器、监测设备与 SDN 相连接，可以实时监测城市的环境状况，如空气质量、噪声水平等，并及时采取相应的措施来改善环境质量。在公共卫生管理方面，可以利用实时数据分析来预测和监测疾病暴发的风险，并及时采取防控措施。在物流管理方面，实时数据处理和响应能力，可以用于优化货物的运输路线和交通配送计划，提高物流效率和减少成本。

总之，实时数据处理和响应能力是城市智能化管理的重要组成部分。采用 SDN 技术，可以实现对大量实时数据的快速采集、传输和处理，并能够及时响应各种事件和决策需求。实时数据处理和响应能力在城市交通管理、安全管理、能源管理等方面具有广泛的应用前景，将为城市管理带来更高效和智能化的解决方案。

（4）安全性和隐私保护

SDN 技术作为一种革命性的网络架构，为城市智能化管理带来了许多优势，其中之一就是提供了强大的安全机制，以保护数据安全和用户隐私。在这个信息时代，保护数据安全和用户隐私是至关重要的，特别是在城市智能化管理中，需要收集、传输和存储大量的敏感数据。下面详细介绍 SDN 技术在安全性和隐私保护方面的优势和机制：

首先，SDN 技术通过流量监测来增强网络的安全性。传统网络中，很难对流量进行精细的监测和管理，这给网络安全带来了很大的挑战。而 SDN 技术通过集中式的控制器，可以对整个网络的流量进行实时监测和分析。它可以检测异常流量，识别潜在的攻击行为，并采取相应的防御措施，从而提高网络的安全性。

其次，SDN 技术提供了灵活的访问控制机制，以加强网络的安全性。在城市智能化管理中，不同的用户和设备可能需要访问不同的资源和服务，因此，需要对网络进行细粒度的访问控制。SDN 技术通过将网络控制和数据转发分离，可以实现灵活的访问控制策略。管理员可以根据用户的身份、角色和需求，对其进行精确的访问控制，从而有效地防止未经授权的访问和数据泄露。

此外，SDN 技术还支持数据加密，以保护数据在传输和存储过程中的安全。在城市智能化管理中，涉及的数据往往是敏感的，例如个人身份信息、财务数据等。SDN 技术可以通过在网络层面对数据进行加密，确保数据在传输过程中不被窃用和篡改。同时，SDN 还可以提供安全的存储机制，对数据进行加密存储，防止未经授权的数据访问和窃取。

除了以上提到的机制，SDN 技术还可以与其他安全解决方案相结合，形成综合的安全体系。例如可以将 SDN 与防火墙、入侵检测系统和虚拟专用网络等相结合，以提供更强大的安全保护。SDN 技术的灵活性和可编程性使得其与其他安全设备的集成变得更加容易，从而提高整个系统的安全性。

然而，尽管 SDN 技术在安全性和隐私保护方面拥有许多优势，但仍然面临一些挑战。首先是安全性管理的复杂性。由于 SDN 的复杂性和规模，安全管理变得更加复杂。管理人员需要具备深入的网络安全知识，并采取适当的安全策略和措施来应对不断演变的威胁。其次是对新的安全漏洞和攻击方式的及时响应。随着技术的不断发展，新的安全漏洞和攻击方式层出不穷，需要及时更新和升级安全机制，以应对新的威胁。

综上所述，SDN 技术在城市智能化管理中提供了强大的安全机制，保障了数据的安全性和隐私的保护。通过流量监测、访问控制和数据加密等机制，SDN 技术可以提高网络的安全性，防止未经授权的访问和数据泄露。然而，为了应对不断演变的安全威胁，仍然需要持续的研究和创新，以进一步加强 SDN 技术的安全性和隐私保护能力。

通过这些创新和成效，SDN 在城市智能化管理中发挥了重要作用，提高了管理效率、优化了资源利用，并为城市居民提供了更便利和安全的生活环境。

3. 案例3　华为云管理网络解决方案在某企业多分支网络中的应用

背景：

某企业拥有多个分支机构，每个分支机构都需要部署网络设备如AP、交换机、路由器和防火墙等，并需要集中管理和运维这些设备。为了提高网络部署的效率、简化网络管理流程，并确保网络的稳定性和安全性，该企业选择了华为云管理网络解决方案。

解决方案：

该企业使用华为云管理网络解决方案，基于华为公有云上的CloudCampus管理平台，实现了网络的全生命周期管理。以下是解决方案的架构：

（1）网络层

在每个分支机构中部署了华为云盒设备，包括AP、交换机、路由器和防火墙等。这些设备通过云管理平台与云端相连接，实现集中管理和监控。

（2）云管理平台

云管理平台是华为云管理网络解决方案的核心组件，位于华为公有云上。该平台提供了网络设备的集中管理功能，包括设备配置、固件升级、网络拓扑监控等。通过云端管理平台，网络管理员可以对所有分支机构的网络设备进行统一管理，实现网络管理的集中化和自动化。

（3）SaaS（Software as a Service）增值服务层

在云管理平台上，该企业还可以选择使用华为提供的SaaS增值服务。这些增值服务包括网络规划设计、网络部署开局、网络运行调优、网络运维等，帮助企业实现更高级别的网络管理和运维。

效果：

通过采用华为云管理网络解决方案，该企业获得了以下效果：

（1）快速部署和集中管理

现代企业面临着不断扩张和分布式业务的挑战。为了支持各个分支机构的网络通信和数据传输，企业需要部署网络设备，如路由器、交换机和防火墙等，以确保分支机构之间的连接和数据安全。然而，传统的网络设备管理和监控方法往往烦琐而费时，需要逐个登录设备进行配置和管理，效率低下且容易出错。

为了解决这一问题，现在有许多企业采用了一种新的网络设备管理和监控方式，即通过云端平台实现对所有设备的集中管理和监控。这种方式可以快速部署各个分支机构的网络设备，并通过云端平台实现对这些设备的集中配置、

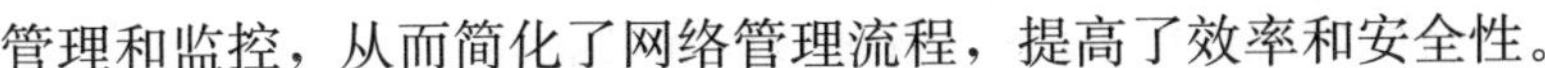

管理和监控，从而简化了网络管理流程，提高了效率和安全性。

首先，通过云端平台快速部署网络设备，可以极大地简化设备的部署和配置过程。传统的部署方式需要现场人员逐个登录设备进行配置，而云端平台可以通过自动化和模板化的方式，远程快速地配置所有设备，减少了人工操作和出现差错的可能性。企业只需要在云端平台上创建和定义一个设备配置模板，然后将其应用到所有需要部署的设备上，设备就可以按照模板的要求自动配置，从而大大提高了部署速度和准确性。

其次，云端平台可以实现对所有设备的集中管理和监控。通过云端平台，网络管理员可以一次性登录平台，从而获得对所有设备的全面视图和控制权。管理员可以通过平台监控设备的运行状态、流量使用情况、安全事件等，及时发现和解决网络故障和安全漏洞，保障网络的稳定和安全。此外，管理员还可以通过平台进行集中的设备配置和管理，如批量修改设备配置、集中升级设备固件等，大大简化了网络管理的流程，提高了管理效率。

再次，通过云端平台可以实现对网络设备的集中监控和分析。云端平台可以收集和存储设备的运行数据和日志，通过分析这些数据，可以获得网络性能的实时和历史视图，帮助管理员了解网络的健康状况和趋势变化。管理员可以通过平台设置告警规则，一旦出现异常或超过设定的阈值，平台就会及时发送告警通知，帮助管理员快速响应和解决问题，保障网络的正常运行。

最后，通过云端平台实现对网络设备的集中管理和监控，还可以带来其他一些附加的好处。例如企业可以通过云端平台实现对设备的集中授权和访问控制，确保只有经过授权的人员可以对设备进行操作。同时，云端平台可以提供更高级的功能和服务，如自动化配置管理、流量分析和安全策略管理等，帮助企业进一步提高网络管理的水平和能力。

总之，通过云端平台实现对所有设备的集中管理和监控，可以快速部署各个分支机构的网络设备，并简化了网络管理流程。这种方式不仅提高了网络管理的效率和准确性，还增强了网络的安全性和稳定性。随着云计算和网络技术的不断发展，相信这种基于云端平台的网络设备管理和监控方式，将在企业中得到越来越广泛的应用和推广。

（2）全生命周期管理

全生命周期管理，是指企业通过云管理平台对网络设备进行从购买到运营的全过程管理。这一管理方式涵盖了网络设备的购买规划、网络规划设计、开局验收、部署实施、运维管理和运营优化等各个阶段。通过全生命周期管理，企业能够更加高效地管理网络设备，提高管理效率和可靠性。

首先，全生命周期管理的第一个环节是购买规划。在这一阶段，企业需要根据实际需求和预算，制订网络设备的购买计划。通过云管理平台，企业可以方便地查看和比较不同设备的规格、性能和价格等信息，从而做出明智的购买决策。同时，云管理平台还提供了设备供应商和销售商的合作接口，使得采购过程更加简化和便捷。

接下来是网络规划设计阶段。在这个阶段，企业需要根据实际需求和网络拓扑结构，对网络进行规划和设计。通过云管理平台提供的网络规划工具，企业可以进行网络拓扑图的绘制、设备配置的设计和网络策略的制定。这样，企业可以更好地把握整体网络的架构和布局，确保网络的性能和可扩展性。

开局验收是全生命周期管理的重要环节之一。在这个阶段，企业需要对新购买的网络设备进行开局验收，确保设备的正常运行和性能符合预期。通过云管理平台提供的开局验收功能，企业可以对设备进行在线注册和检测，监测设备的状态和性能指标，以及验证设备的配置是否符合要求。这样，企业可以及时发现和解决设备存在的问题，确保网络的稳定运行。

部署实施是全生命周期管理中的关键环节之一。在这个阶段，企业需要将网络设备实际部署到各个地点，并进行配置和连接。通过云管理平台提供的云部署功能，企业可以远程管理和操作网络设备，实现批量配置和自动化部署。这样，企业可以快速、高效地部署网络设备，减少了现场操作的成本和工作量。

运维管理是全生命周期管理的持续性工作。在网络设备部署完毕后，企业需要进行日常的运维管理，包括设备状态的监控、性能的调优和故障的处理等。通过云管理平台提供的移动运维功能，企业可以随时随地通过移动应用程序监控和管理网络设备。这样，企业可以实时掌握网络的运行状况，及时发现和解决问题，保障网络的稳定和可靠运行。

最后是运营优化阶段。通过云管理平台提供的数据分析和报告功能，企业可以对网络的性能和运行情况进行全面的分析和评估。基于大数据分析和机器学习技术，云管理平台可以识别出网络中的潜在问题和瓶颈，并提供优化建议。这样，企业可以根据数据分析结果进行网络优化和改进，提高网络的性能和用户体验。

总的来说，全生命周期管理通过云管理平台提供的一系列功能和工具，使企业能够在网络设备的购买、规划、开局、部署、运维和运营等各个阶段高效

管理网络。这种全面的管理方式不仅提高了管理效率和可靠性，也使企业能够更好地适应和应对不断变化的业务需求和网络挑战。通过全生命周期管理，企业能够充分发挥网络设备的潜力，提供稳定、高效的网络服务，为企业的发展提供有力的支持。

（3）网络性能优化

借助云管理平台提供的 SaaS 增值服务，企业能够对网络进行规划、调优和运维，以优化网络性能和用户体验。

云管理平台作为华为云管理网络解决方案的核心组件，不仅提供了集中管理网络设备的功能，还提供了一系列的 SaaS 增值服务，帮助企业更好地规划、调优和运维网络，以优化网络性能和用户体验。这些增值服务基于云端的计算和分析能力，通过与网络设备的集成和数据交互，提供了丰富的网络管理和优化功能。

首先，通过云管理平台提供的网络规划服务，企业可以针对网络的特定需求进行规划和设计。这些服务利用了云端的计算能力和网络拓扑分析算法，根据企业的网络需求和拓扑结构，提供最佳的网络规划方案。这包括优化网络设备的布局和配置，合理分配带宽和资源，以满足企业的网络性能和服务质量要求。企业可以通过云管理平台的网络规划服务，获得针对其特定网络环境的定制化规划方案，从而提高网络的性能和效率。

其次，云管理平台提供的网络调优服务，使企业能够对网络进行实时监控和调整，以达到最佳的性能和用户体验。通过与网络设备的数据交互和分析，云管理平台能够获取实时的网络性能指标和数据流量信息。基于这些信息，企业可以进行网络调优，例如优化网络路由、调整带宽分配、解决网络拥塞等。通过云管理平台提供的网络调优服务，企业能够及时发现和解决网络问题，提高网络的稳定性和性能，从而提供更好的用户体验。

最后，云管理平台的网络运维服务，使企业能够对网络设备进行集中管理和运维，提供了更高效和便捷的运维方式。通过与网络设备的集成和云端的管理平台，企业可以实现对网络设备的统一配置、固件升级和故障排除。此外，云管理平台还提供了移动 App 等工具，使得网络管理员可以随时随地通过手机或平板电脑对网络进行监控和管理。这种移动运维方式大大提高了运维的灵活性和效率，减少了对物理设备的依赖，为企业节约了人力和资源成本。

总的来说，借助云管理平台提供的 SaaS 增值服务，企业能够充分利用云端的计算和分析能力，对网络进行规划、调优和运维，以优化网络性能和用户体验。通过网络规划服务，企业可以获得定制化的网络规划方案，满足其特定需求。通过网络调优服务，企业可以实时监控和调整网络，提高性能和稳定性。通过网络运维服务，企业可以集中管理和运维网络设备，提高运维效率和灵活性。这些 SaaS 增值服务为企业提供了更好的网络管理工具和方法，帮助企业充分发挥网络的潜力，提供高品质的服务和用户体验。

（4）网络安全保障

网络安全保障在当今数字化时代变得尤为重要。随着企业对云计算和云服务的广泛采用，网络安全成为保护企业信息资产和业务连续性的关键因素。云管理平台的安全功能和增值服务提供了一系列安全措施，帮助企业加固网络安全，包括访问控制、流量监测、威胁检测等。下面将详细介绍这些安全措施，以及它们对保护网络免受安全威胁的重要性。

首先，访问控制是网络安全中的基础要素之一。云管理平台通过访问控制策略，确保只有经过授权的用户能够访问敏感数据和系统资源。这种授权可以基于角色、用户组或者个别用户进行设置，从而实现细粒度的权限管理。例如企业可以为不同的员工分配不同的权限，使得只有特定岗位或特定部门的员工才能够访问敏感信息。这样的访问控制措施，有效地减少了内部人员滥用权限的风险，并保护了企业的核心数据。

其次，流量监测是及时发现网络异常行为的重要手段。云管理平台提供流量监测功能，可以实时监测网络流量，并对异常流量进行识别和分析。通过分析网络流量模式和流量行为，可以及时发现潜在的攻击、入侵或异常行为。这种实时监测有助于企业快速识别和响应网络安全事件，减少潜在的损失。此外，流量监测还可以帮助企业识别和解决网络性能问题，提高网络的可用性和稳定性。

另外，威胁检测是保护网络免受安全威胁的关键措施之一。云管理平台提供威胁检测功能，通过使用先进的安全分析技术和威胁情报，实时监测和识别网络中的潜在威胁。这包括恶意软件、病毒、网络钓鱼等常见的网络攻击形式。一旦发现威胁，云管理平台可以自动触发警报或采取相应的防御措施，以保护企业网络和数据免受损害。威胁检测的实时性和准确性对于网络安全至关重要，能够帮助企业及时应对不断变化的网络攻击手法。

除了上述安全措施，云管理平台还提供其他增值服务来加固网络安全。例如安全审计功能可以记录和分析用户的操作行为，确保他们的行为符合企业的安全策略和合规要求。数据备份和容灾服务可以保护企业数据的可用性和完整

性，避免因数据丢失或灾难事件导致的业务中断。加密和身份验证服务可以确保数据在传输和存储过程中的安全性，防止敏感信息被未经授权的人员获取。这些增值服务为企业提供了更加全面的网络安全保障，帮助其建立强大的安全防线。

综上所述，云管理平台上的安全功能和增值服务为企业提供了全面的网络安全保障。通过访问控制、流量监测、威胁检测等安全措施，企业可以加固网络安全，减少内部和外部威胁给网络和数据带来的风险。同时，增值服务如安全审计、数据备份和容灾、加密和身份验证等提供了额外的安全保障。网络安全是企业数字化转型不可或缺的一部分，云管理平台上的安全功能和增值服务为企业提供了强大的保护措施，确保其信息资产和业务的安全性和连续性。

通过华为云管理网络解决方案，该企业实现了多分支网络的快速部署和集中管理，提高了网络管理的效率和可靠性，同时，优化了网络性能和安全性。这使得企业能够更好地支持其业务需求，并为未来的发展奠定了坚实的网络基础。

第2节　SDN在电子政务网络中的安全加固和防御措施

1. 安全需求分析和挑战

在电子政务网络中，安全需求和对威胁的分析至关重要。政府机构和公共部门的电子政务应用涉及大量敏感信息和关键业务，因此，必须确保网络的安全性和可信性。下面是对电子政务网络中安全需求和威胁的分析：

（1）安全需求分析

电子政务网络的安全需求主要包括以下几个方面：

①保护敏感信息

政府机构需要处理大量的敏感信息，如个人身份信息、财务数据和国家机密等。因此，安全需求包括保护这些敏感信息的机密性、完整性和可用性。

②防止未授权访问

政府网络必须防止未经授权的用户和恶意攻击者进入系统，以确保信息的保密性和数据的完整性。

③保障业务连续性

电子政务应用对于政府机构和公众至关重要，因此，需要保障业务的连续性和可用性，以防止网络中断和服务故障。

④强化身份验证和访问控制

政府网络需要确保只有经过身份验证的用户才能访问系统，并根据用户的角色和权限进行访问控制，以减少潜在的风险和安全漏洞。

⑤数据保护和备份

政府机构需要采取措施来保护数据的机密性和完整性，并定期进行数据备份，以应对数据丢失或灾难性事件。

（2）安全威胁分析

在电子政务网络中存在许多安全威胁，可能会对网络和数据造成损害。以下是一些常见的安全威胁：

①恶意攻击

包括网络攻击、黑客入侵、拒绝服务攻击等，旨在破坏网络的可用性、机

密性和完整性。

②数据泄露

未经授权的访问或人为失误，可能导致敏感数据的泄露，从而损害个人隐私和机构的信誉。

③社会工程攻击

通过欺骗手段获取敏感信息，如钓鱼攻击、欺诈和伪造等。

④恶意软件和病毒

恶意软件和病毒的传播，可能导致系统瘫痪、数据损坏或信息泄露。

⑤内部威胁

员工或内部人员的错误行为、滥用权限或数据窃取可能对网络安全构成威胁。

（3）传统网络安全措施的局限性

传统网络安全措施在面对电子政务网络中的安全需求和威胁时，存在一些局限性：

①基于边界的防御

传统的防火墙和边界安全措施，无法有效应对内部威胁和高级持续性威胁（APT）等内外部攻击。

②依赖手动配置

传统网络安全措施通常需要依赖手动配置和管理，难以适应动态和复杂的电子政务网络环境。

③缺乏细粒度访问控制

传统安全措施通常缺乏细粒度的访问控制能力，无法根据用户的身份和角色进行精确控制。

④难以监测和检测新型威胁

传统安全措施对于新型的和未知的威胁检测和防御能力有限，容易受到零日漏洞的攻击。

总结：

在电子政务网络中，安全需求和威胁的分析对于制定有效的安全措施至关重要。了解安全需求并意识到传统网络安全措施的局限性，有助于推动引入新兴的安全技术，如 SDN，以提高电子政务网络的安全性和保护机制的可靠性。

在电子政务网络中，传统的网络安全措施存在一些局限性，这些局限性给保护网络免受安全威胁带来了一定的挑战。以下是一些有关传统网络安全措施的局限性的讨论：

①静态规则的有限性

传统网络安全措施通常基于静态规则的应用，如防火墙规则和入侵检测系统的规则。然而，电子政务网络中的安全威胁是动态和复杂的，静态规则难以适应快速变化的威胁环境。攻击者可以通过绕过或欺骗静态规则来发起新型攻击。

②缺乏全局视角

传统网络安全措施通常在单个设备或系统上部署，缺乏对整个网络的全局视角。在电子政务网络中，各个分支机构和部门之间的互联和数据交换频繁，单个设备的安全措施无法提供对整个网络的综合保护。

③人工操作的限制

传统网络安全措施通常需要依靠人工配置和操作。这种依赖人工操作的方式容易出现人为疏忽或错误，导致安全漏洞出现。此外，随着网络规模的扩大，人工操作的效率和准确性也会受到限制。

④依赖外部设备的安全性

传统网络安全措施通常依赖于外部设备的安全性，如防火墙和入侵检测系统。然而，这些设备本身也可能存在漏洞或被攻击者利用，从而导致整个网络的安全受到威胁。

⑤难以适应新型威胁

传统网络安全措施往往是基于已知的攻击模式和威胁情报来设计的。然而，随着威胁环境的不断演变和新型攻击方式的出现，传统安全措施难以及时识别和应对新型威胁。

为了克服传统网络安全措施的局限性，引入 SDN 作为电子政务网络的安全解决方案具有可行性。SDN 提供了集中的网络控制能力和编程能力，可以灵活地定义和部署安全策略，实现对整个网络的综合性安全管理。此外，SDN 的动态可编程性和智能化分析能力，也有助于快速应对新型安全威胁，提高电子政务网络的安全性和防御能力。

2. SDN 在电子政务网络中的安全加固方案

SDN 在电子政务网络中提供了一系列安全加固功能，以应对不断增加的安

全威胁，并保护政务系统的敏感数据。SDN 的安全特性和优势使它成为提供高级安全性的理想解决方案。

（1）集中化的安全策略管理

SDN 通过中心化控制器，提供了集中化的安全策略管理。网络管理员可以通过控制器定义和管理网络中的安全策略，如访问控制规则，流量过滤和身份验证等。这种集中化的管理方式确保了网络的一致性和协同性，简化了安全策略的部署和维护。

（2）动态的安全策略调整

SDN 的动态可编程性使安全策略可以根据实时的网络状况和威胁情报进行调整。中心化控制器可以根据对网络流量和威胁情报的分析，自动调整安全策略，以应对新出现的威胁和攻击。这种实时的安全策略调整能够大大提高网络的适应性和防御能力。

（3）虚拟隔离和网络分割

SDN 的网络虚拟化和服务分割功能提供了强大的隔离性和安全性。通过虚拟网络的划分和隔离，政务系统可以在共享基础设施上实现物理隔离，从而减少横向攻击的风险。此外，SDN 还可以基于不同的安全等级对政务系统进行网络分割，确保敏感数据的安全和隐私。

（4）威胁检测和网络监控

SDN 提供了强大的威胁检测和网络监控功能，以及对网络流量的深度分析和监视。通过实时监控网络流量、行为和异常活动，SDN 可以及时发现潜在的安全威胁并采取相应的措施。此外，SDN 还能够提供对网络流量的可视化和报告，帮助网络管理员更好地了解网络安全状况。

（5）弹性和快速响应能力

SDN 的弹性和快速响应能力使它能够更好地应对安全事件和网络故障。当发生安全事件或攻击时，SDN 可以通过快速调整安全策略和重新路由流量来保护系统。同时，SDN 还支持快速恢复和故障转移，以确保政务系统的连续性和可靠性。

综上所述，SDN 在电子政务网络中提供了多种安全加固功能，包括集中化的安全策略管理、动态的安全策略调整、虚拟隔离和网络分割、威胁检测和网络监控，以及弹性和快速响应能力。这些功能使 SDN 成为保护电子政务系统安全的有效工具，提供了更高级别的网络安全性和灵活性。在日益复杂的网络威胁下，SDN 为电子政务网络提供了强大的防御和保护机制。

SDN 提供了一些独特的安全特性和优势，可用于加固电子政务网络的安全性。以下是对 SDN 安全特性和优势的介绍和分析：

（1）集中化的安全控制

SDN 架构中的控制平面与数据平面分离，将网络的安全控制集中到中央控制器中。这种集中化的安全控制使得安全策略的管理更加简单和高效。管理员可以通过控制器实施统一的安全策略，例如访问控制规则和流量监测规则，从而提高网络的安全性。

（2）动态灵活的安全策略

SDN 的可编程性使得安全策略可以根据实际需要进行灵活调整和更新。管理员可以根据网络流量的实时变化和安全威胁的演变，动态地调整安全策略，从而更好地应对新型的安全攻击和威胁。

（3）虚拟隔离和网络分割

SDN 具备虚拟隔离和网络分割的能力，通过网络虚拟化技术，可以将电子政务网络划分为多个虚拟网络，实现不同级别和部门的隔离和安全分割。这种虚拟隔离可以有效防止攻击者横向移动并扩大攻击范围，提高了电子政务网络的安全性。

（4）统一的安全策略管理

SDN 的控制平面可以实现对整个网络的统一安全策略管理。管理员可以通过中央控制器，对所有网络设备进行集中化的安全策略配置和管理，而无须逐个设备进行配置。这种统一的安全策略管理简化了配置的复杂性，降低了配置错误的风险，并提高了网络的安全性和一致性。

（5）实时威胁检测和响应

SDN 的集中化控制器可以实时监测网络流量和行为，通过网络流量分析和威胁检测算法，可以快速识别出潜在的安全威胁和异常行为。一旦发现异常情况，控制器可以立即采取相应的响应措施，例如封锁恶意流量或调整网络策略，以确保网络的安全性和稳定性。

总之，SDN 在电子政务网络中提供了一系列的安全特性和优势。通过集中化的安全控制、动态灵活的安全策略、虚拟隔离和网络分割、统一的安全策略管理，以及实时威胁检测和响应，SDN 可以帮助加固电子政务网络的安全性，并提供更高级别的安全管理和防御能力。这些安全特性和优势，使 SDN 成为应对不断演变的安全威胁和保护电子政务网络的理想选择。

3. 实际应用案例和效果评估

以下是 SDN 在电子政务网络中的安全加固实际应用案例。

案例一：某政府部门的 SDN 安全加固

背景：

某政府部门负责处理大量敏感数据和政务信息，对网络安全有着极高的要求。为了加强网络安全措施并实现对网络的可视化管理，该政府部门决定采用 SDN 技术进行安全加固。

部署方案：

(1) 安全隔离和访问控制

通过 SDN 控制器，建立了多个虚拟网络划分，将敏感数据和政务信息隔离在独立的网络中，并采用细粒度的访问控制策略，确保只有授权人员能够访问相应的网络资源。

(2) 威胁检测和防御

引入了网络安全设备，如入侵检测系统和防火墙等，并将其与 SDN 控制器集成，实现对网络流量的实时监测和威胁检测，以便能够及时发现和应对潜在的安全威胁。

(3) 安全策略自动化

利用 SDN 的编程能力，实现了安全策略的自动化部署和调整。当检测到异常流量或威胁时，SDN 控制器能够自动触发安全策略的更新和调整，快速应对安全事件。

效果评估：

(1) 提高安全性能

通过 SDN 的安全加固措施，该政府部门实现了对敏感数据和政务信息的隔离和访问控制，大大降低了数据泄露和未授权访问的风险，提升了网络的安全性能。

(2) 威胁检测和响应效率

引入威胁检测系统和 SDN 控制器的集成，使得该政府部门能够实时监测网络流量并及时发现潜在的安全威胁。自动化的安全策略部署和调整能够快速响应安全事件，提高了威胁检测和响应的效率。

（3）管理简化和可视化

SDN 技术使该政府部门能够通过集中的控制器对整个网络进行管理和监控，实现了网络安全管理的可视化和简化。管理员可以通过可视化界面实时了解网络的安全状态，并进行相应的管理操作。

综上所述，通过 SDN 的安全加固方案，该政府部门实现了电子政务网络安全性能和管理效率的显著提高。

以下是对上述案例的分析和评估结果：

案例描述：

某政府机构负责处理和管理大量的敏感数据，包括个人信息、财务数据等。为了加强网络安全及保护敏感数据，该机构决定采用 SDN 来加固其电子政务网络。他们在 SDN 中使用了网络隔离、访问控制和威胁检测等安全机制。

通过 SDN 在电子政务网络中的安全加固措施，该政府机构实现了以下安全性能的显著提高：

（1）网络隔离增强

SDN 的网络隔离功能使得不同部门和用户之间的网络流量得到了有效隔离，降低了横向攻击和信息泄露的风险。通过细粒度的访问控制策略，确保敏感数据仅限于授权人员访问。

（2）实时威胁检测和响应

SDN 的威胁检测功能能够实时监测网络流量，并利用深度包检测技术和行为分析算法，识别出潜在的网络攻击行为。一旦检测到异常活动，SDN 可以立即采取自动化响应措施，例如隔离受影响的设备或关闭特定网络流量。

（3）灵活的安全策略管理

SDN 的可编程性使得安全策略的管理更加灵活，且可扩展。政府机构可以根据实际需求，实时更新和调整安全策略，以适应不断变化的威胁环境。这种灵活性有助于提高对新型攻击和漏洞的应对能力。

效果评估结果：

对该政府机构的 SDN 安全加固实际应用案例进行了效果评估，结果显示其在以下几个方面有显著改进：

（1）安全事件的快速识别和响应时间显著减少

相比传统网络环境，SDN 的威胁检测和响应机制大大缩短了我们对安全事件的识别和响应时间。从以往几个小时或更长的时间缩短到几分钟以内，大大

提高了我们对安全威胁的处理效率。

（2）降低安全漏洞和攻击风险

通过 SDN 的网络隔离功能和访问控制功能，成功降低了横向攻击和内部威胁的风险，使敏感数据得到了更好的保护，减少了安全漏洞被利用的机会。

（3）强化合规性和监管要求

SDN 的可编程性和灵活性使得政府机构能够更好地满足合规性和监管要求。安全策略的调整和更新更加便捷，符合相关法规和标准。

综上所述，该政府机构利用 SDN，在电子政务网络中的安全加固实际应用案例中，取得了显著的安全性能提高和效果改进。SDN 的网络隔离、威胁检测和访问控制等安全机制，为政府机构提供了更强大的网络安全防御能力，同时，提高了安全事件的快速识别和响应能力，降低了安全风险和出现漏洞的风险，满足了合规性和监管要求。

第3节　SDN在电子政务网络中的监控能力和故障恢复能力

1. SDN监控方案

SDN作为一种新型网络架构，为电子政务网络带来了许多创新的监控能力。SDN的实时监控能力，使电子政务网络能够更加高效地管理和运维，确保网络的稳定性、可靠性和安全性。下面将介绍SDN在电子政务网络中的实时监控能力，并探讨网络监控的架构和技术。

（1）SDN实时监控能力的优势

SDN的实时监控能力是由其集中化控制和可编程性所带来的。传统网络监控依赖于分布式的网络设备和管理系统，难以实现对整个网络的全局监控。而SDN通过集中式的控制器对网络进行管理和监控，可以实时获取网络设备的状态信息、流量数据和性能指标，从而实现对网络的实时监控。

（2）SDN监控架构

SDN监控架构包括三个关键组件：SDN控制器、网络设备和监控应用。

①SDN控制器

SDN控制器是网络监控的核心，负责集中控制和管理整个SDN。它通过与网络设备进行通信，获取设备的状态信息和性能指标，并根据需要下发控制指令。SDN控制器可以实时监测网络的拓扑结构、流量分布和设备状态，并提供可视化界面展示监控数据。

②网络设备

在SDN中，网络设备被称为数据平面，负责数据包的转发和处理。这些网络设备与SDN控制器进行通信，将实时的状态信息和流量数据发送给控制器。网络设备还可以根据控制器的指令进行流量调度和策略控制。

③监控应用

监控应用是基于SDN监控的需求而开发的应用程序，用于实时获取、处理和展示网络的监控数据。监控应用可以根据特定的监控指标进行数据分析、故

障检测和性能优化，并向管理员提供实时的报警和可视化展示。

（3）SDN 监控技术

SDN 监控依赖于以下关键技术：

①NETCONF 协议

NETCONF 是 SDN 中用于控制器和网络设备之间通信的协议。通过 NETCONF 协议，控制器可以与网络设备进行实时的状态交换和流量控制。

②流量采样与分析

SDN 监控可以通过流量采样和分析技术实时获取网络流量的信息。流量采样技术可以对流量进行抽样，减少对网络性能的影响，同时，提供足够的数据用于分析和监测。流量分析技术可以对采样的流量进行深入分析，识别异常流量和网络行为，以便及时发现和解决问题。

③数据可视化和报警

SDN 监控系统通常提供可视化的监控界面，以便管理员实时查看网络的状态和性能指标。可视化界面可以展示网络拓扑、流量分布、设备状态等信息，并通过图表、图形和动态报警方式向管理员提供实时的监控数据和告警信息。

SDN 在电子政务网络中的实时监控能力极大地提升了网络管理的效率和可靠性。通过集中式的控制和可编程性，SDN 可以实现对整个网络的实时监控和管理。网络管理员可以通过 SDN 控制器获取网络设备的状态信息和流量数据，并通过监控应用进行数据分析和可视化展示。SDN 监控的架构和关键技术为电子政务网络提供了更强大的监控能力，确保网络的稳定运行和故障的及时恢复。

网络监控是 SDN 在电子政务网络中的重要功能之一，它提供实时监控能力，用于检测网络性能、故障和安全事件等，并支持及时的响应和决策。下面将探讨 SDN 监控的架构和技术。

（4）网络监控架构

SDN 监控的架构通常包括以下组件：

①控制平面

控制平面是 SDN 的大脑，负责整个网络的控制和管理。它与数据平面分离，通过与网络设备的控制通道进行通信，搜集网络状态和流量信息。

②监控代理

监控代理位于网络设备或主机上，负责收集和汇总与该设备或主机相关的网络流量、性能指标和事件数据。它们通过与控制平面的接口进行通信，将搜集到的数据传递给控制平面进行分析和处理。

③监控控制器

监控控制器是网络监控的核心组件，负责搜集、分析和处理从监控代理搜集到的数据。它可以通过控制平面与网络设备进行通信，控制和调整网络配置，以及向管理员提供网络状态和性能报告。

④数据存储与分析

可以将搜集到的监控数据存储在数据库或大数据平台中，以便后续分析和查询。通过数据分析技术，可以提取有价值的信息，包括网络拓扑、性能趋势、故障识别等。

⑤用户界面

用户界面提供给管理员和网络运维人员进行监控和管理操作的可视化接口。它可以显示网络拓扑图、性能指标图表、警报和事件日志等信息，使管理员能够实时监控网络状态和进行故障排除。

（5）网络监控技术

SDN 监控利用了一系列技术来收集、分析和处理网络数据，包括但不限于以下几种：

①流量监测

流量监测技术用于捕获和分析网络流量，了解网络中的通信模式、带宽利用率、流量分布等。常用的流量监测方法包括数据包捕获、端口监测和流量镜像等。

②性能监测

性能监测技术用于测量和分析网络的性能指标，如延迟、丢包率、带宽利用率等。通过监测性能指标，可以及时发现网络问题并采取相应的措施。常用的性能监测方法包括 PING、SNMP 和 NetFlow 等。

③事件管理

事件管理技术用于检测和响应网络中的事件，如链路断开、设备故障和安全事件等。通过事件管理，可以及时发现并处理网络中的异常情况。常用的事件管理技术包括 Syslog、SNMP Trap 和网络流分析等。

④大数据分析

大数据分析技术可以应用于网络监控中，对海量的监控数据进行分析和挖掘，发现潜在的问题和趋势。通过大数据分析，可以实现故障预测、容量规划和安全威胁检测等功能。

综上所述，SDN 监控的架构和技术提供了实时监控能力，并为电子政务网络提供了全面的网络状态和性能信息。通过合理的架构设计和技术应用，可以实现对网络的精确监控、快速故障检测和灵活的网络管理。这将提高电子政务网络的可靠性、安全性和可管理性。

2. 故障检测和恢复策略

SDN 在电子政务网络中的故障检测和定位是确保网络稳定性和可靠性的关键环节。SDN 通过集中控制和可编程性的特点，为故障检测和定位提供了新的方法和技术。以下是 SDN 在电子政务网络中的故障检测和定位方法的分析：

（1）流量监测和分析

SDN 控制器可以实时监控网络中的流量情况，包括流量的来源、目的地、带宽利用率等。

通过对流量数据进行分析和统计，可以检测异常流量模式，例如突发流量、异常延迟等，从而发现潜在的故障。

（2）路径探测和故障定位

SDN 控制器可以发送探测包来测量网络中各个路径的延迟、丢包率等指标。

通过与预设的正常指标进行比较，可以快速发现异常的路径，并定位故障发生的具体位置。

控制器可以利用网络拓扑信息和实时状态，识别可能导致故障的网络设备或链路，并进行故障根因的定位。

（3）状态监测和事件处理

SDN 控制器可以实时监测网络设备的状态信息，如链路状态、设备健康状况等。

当发生故障或异常事件时，控制器可以快速接收并做出响应，例如发出警报，重新规划路径或切换备用链路等。

（4）自动化故障恢复

SDN 的可编程性使其可以通过控制器自动执行故障恢复策略。

当检测到故障时，控制器可以动态调整网络拓扑，重新路由流量，绕过故障设备或链路，实现快速恢复。

SDN 还可以与其他自动化机制结合，如 NFV 和自愈网络，进一步提高故障恢复的自动化程度。

综上所述，SDN 在电子政务网络中的故障检测和定位方法，主要通过流量监测、路径探测、状态监测和自动化故障恢复等技术实现。这些方法使网络故障能够及时被检测和定位，并通过自动化手段实现快速恢复，确保电子政务网络的稳定性和可靠性。在实际应用中，可以根据具体的网络需求和环境选择适合的故障检测和定位方法，并结合实时监控和智能决策算法，进一步提高故障处理的效率和准确性。

故障恢复是电子政务网络中至关重要的一环，SDN 作为网络管理的关键技术之一，提供了灵活性和可编程性，为故障检测和恢复策略的实施提供了新的可能性。在电子政务网络中，SDN 可以通过以下策略和机制来实现故障的检测和恢复：

①快速故障检测

SDN 利用控制器的全局视图和集中式控制，可以快速检测网络中的故障。故障检测可以通过以下方式实现：

第一，主动性探测：控制器可以定期向网络设备发送探测消息，检查链路和节点的连通性，及时发现故障。

第二，反馈机制：SDN 中的交换机和设备可以向控制器发送状态信息，如链路拥塞、错误报文等，控制器通过分析这些信息来判断是否存在故障。

②动态路径重算

一旦控制器检测到网络中的故障，就可以立即重新计算路径，并将新的路径信息下发给交换机，实现流量的快速切换。动态路径重算可以通过以下方式

实现：

第一，基于拓扑信息的路径计算：控制器可以根据网络的拓扑信息，重新计算流量的最佳路径，避免故障节点或链路。

第二，预计算和备份路径：为了进一步提高网络的可靠性，控制器可以在故障发生前预先计算备份路径，并在故障发生时将流量切换到备份路径上。

③故障恢复机制

一旦故障被检测到且路径重新计算完成，SDN 可以采取以下机制来实现故障的恢复：

第一，快速流表更新：控制器可以通过向交换机下发新的流表规则，使流量能够按照新的路径进行转发，以实现故障的恢复。

第二，状态同步和一致性：在故障恢复过程中，控制器需要确保交换机之间的状态同步和一致性，以避免数据包丢失或重复。

第三，网络重建和重新连接：在某些情况下，故障可能导致网络拓扑的改变，控制器需要重新建立和连接拓扑，并重新计算流量的路径。

总结：

SDN 在电子政务网络中的故障恢复策略和机制通过快速故障检测、动态路径重算和故障恢复机制的实施，能够快速响应并恢复网络中的故障，提高网络的可用性和可靠性。这些策略和机制依赖于控制器的全局视图和集中式控制，为电子政务网络的故障管理提供了新的解决方案。

3. 实际应用案例和效果评估

本节将专注于 SDN 在电子政务网络中的实际应用案例，重点关注其在网络监控和故障恢复方面的应用。通过深入研究这些案例，将揭示 SDN 技术在电子政务网络中的潜力和优势。此外，还将对这些案例进行细致入微的效果评估，以了解 SDN 在实际应用中的表现，并为进一步优化和改进提供宝贵的建议。

在探索 SDN 的实际应用案例时，将涵盖各个领域，涉及政府机构、数据中心和网络基础设施等。这些案例将详细描述 SDN 在网络监控方面的应用，包括实时监测和分析网络流量、设备状态以及带宽利用率等重要指标。将深入挖掘其中一个政府部门的电子政务网络，以展示他们如何利用 SDN 技术来监控网络，并确保数据的安全性和可用性。这些案例将揭示 SDN 在网络监控中的关键作用，展示其如何通过实时告警和异常行为检测等功能，帮助管理员及时发现和解决网络异常情况。

而在故障恢复方面，SDN 的优势也得到了充分发挥。以下将深入探讨一个政府机构的电子政务网络故障恢复方案，该方案利用 SDN 的灵活性和集中式控制来实现快速、自动化的故障检测和恢复。这将包括网络拓扑设置、容错机制的实施以及 SDN 控制器的使用，以确保网络故障对服务中断和数据丢失的影响最小化。通过这个案例，将展示 SDN 在故障恢复中的关键作用，揭示其在提高网络可靠性和稳定性方面的优势。

在评估这些实际应用案例的效果时，将采用全面的方法，考虑多个关键指标。这些指标包括网络性能改善的程度、故障恢复时间的减少、网络安全性的提高等。对这些指标进行深入分析和定量评估，以便全面了解 SDN 在实际应用中的表现。同时，我们还将结合案例中的经验教训，提出一系列改进建议，旨在进一步优化 SDN 在电子政务网络中的应用。这些建议可能涉及网络监控策略的改进、故障检测算法的加强以及网络拓扑设计的优化等方面，以提高 SDN 的性能和效果。

本节将深入挖掘 SDN 在电子政务网络中的实际应用案例，并评估其效果。这将有助于我们更好地了解 SDN 技术的潜力和优势，为政府和组织在采用 SDN 技术时提供指导和决策支持。同时，这也将推动网络的可靠性、安全性和性能的提高，为电子政务网络的发展带来积极影响。

（1）SDN 在电子政务网络中的网络监控实际应用案例

SDN 技术在电子政务网络中的网络监控方面具有广泛的应用。随着政府部门和组织对网络安全和数据保护的需求日益增长，SDN 作为一种灵活可控的网络架构，为实现高效的网络监控提供了强大的工具和解决方案。

在一个典型的应用案例中，假设涉及一个政府部门的数据中心。该数据中心是一个关键的信息交换和存储枢纽，则必须保证网络的安全性和可用性。为了应对日益复杂的网络威胁和异常情况，他们决定采用 SDN 技术来实现全面的网络监控。

首先，SDN 技术允许管理员对网络流量进行实时监测和分析。通过在 SDN

控制器中集中管理网络设备和流量，管理员可以获得对整个网络的全局视图。他们可以监测流经网络的数据包，并识别潜在的异常行为或安全威胁。这种实时监测的能力使得管理员能够迅速发现任何网络中的异常情况，例如流量突增、未经授权的访问尝试或恶意软件的传播。

其次，SDN 技术还支持实时告警系统，使管理员能够及时了解网络中的问题。当 SDN 控制器检测到异常情况时，例如网络流量异常、设备故障或潜在的安全漏洞，它可以向管理员发送警报通知。这种即时的告警机制可以帮助管理员快速响应问题，采取适当的措施来应对威胁，并最大限度地减少服务中断或数据泄露的风险。

最后，SDN 技术还支持异常行为检测。通过在 SDN 控制器中设置规则和策略，管理员可以定义正常的网络行为，并监测任何偏离这些规则的行为。例如如果一个设备突然开始产生异常的网络流量模式，SDN 控制器可以自动识别并标记这种行为，提醒管理员开展进一步调查。这种自动化的异常行为检测大大减轻了管理员的工作负担，并提高了网络安全性。

总的来说，在 SDN 技术的支持下，政府部门的数据中心能够实现高效的网络监控。通过实时监测网络流量，实施实时告警和异常行为检测，管理员能够及时发现网络中的异常情况，并采取相应的措施以确保数据的安全性和可用性。SDN 技术为网络监控提供了强大的工具和功能，使得政府部门能够更好地应对日益复杂的网络威胁，保护关键信息资产，并提供高质量的电子政务服务。

（2）SDN 在电子政务网络中的故障恢复实际应用案例

故障恢复是电子政务网络中非常关键的一部分，因为网络中的任何故障都可能导致服务中断或数据丢失。在这个数字化时代，政府机构和组织对网络的高可用性和可靠性要求越来越高，因此，需要采用可靠的故障恢复机制。SDN 技术凭借其灵活性和集中式控制的特点，成为实现高效故障恢复的有力工具。

在 SDN 在电子政务网络中的故障恢复实际应用案例中，将讨论一个政府机构的网络故障恢复方案，该方案充分利用了 SDN 技术的优势。这个案例将帮助我们深入了解 SDN 在故障恢复方面的应用，并展示其如何通过快速、自动化的方式实现故障检测和恢复。

首先，介绍该政府机构如何设计和设置网络拓扑，以提高网络的可靠性和弹性。通过采用合适的拓扑结构，例如冗余路径和多层次架构，可以减少单点故障的影响，并提供备份路径来保证服务的连续性。下面将深入探讨这些网络拓扑设计的原则和决策，以及如何充分利用 SDN 的特性来实现拓扑的灵活性和可管理性。

其次，将探讨在这个故障恢复方案中实施的容错机制。容错技术是确保系统在故障发生时保持稳定运行的重要手段。SDN 的集中式控制模式使得容错机制的实施更加简单和高效。需要研究故障检测算法和容错机制的具体实现方式，例如链路监测和链路故障切换，以及如何使用 SDN 控制器来监测和管理网络中的故障。

再次，重点讨论 SDN 在故障恢复方面的优势和效果。与传统网络相比，SDN 可以实现更快速的故障检测和恢复，减少了人工干预和响应时间，从而提高了网络的可用性和服务质量。下面将详细分析这个案例中故障恢复时间的改善程度，并评估 SDN 技术在实际应用中的性能和效果。

最后，提出改进建议，以进一步优化 SDN 在电子政务网络中的故障恢复应用。这些建议可能涉及改善故障检测算法的准确性和效率，增强网络监测和管理的功能，提供更好的故障恢复策略等方面。通过不断改进和优化，可以进一步提高 SDN 在故障恢复方面的能力，确保电子政务网络的稳定运行和可靠性。

通过深入研究和分析这个 SDN 在电子政务网络中的故障恢复实际应用案例，可以更好地了解 SDN 技术在实践中的应用场景和效果。这将为政府机构和组织提供有价值的见解，帮助他们在构建可靠的电子政务网络时做出明智的决策，并最大限度地提升网络的可用性和可靠性。

（3）案例中的效果评估结果和改进建议

在每个应用案例中都将进行深入的效果评估，以便大家全面了解 SDN 在电子政务网络中的实际表现。这个评估过程将涉及多个关键指标，其中，包括但不限于网络性能改善、故障恢复时间减少以及网络安全性提高等方面。通过对这些指标的具体数值和趋势进行分析，能够更准确地评估 SDN 技术在实际应用中的优势和局限性。

首先，关注网络性能改善方面的评估。通过比较引入 SDN 之前和之后的网络性能指标，如延迟、带宽利用率和数据传输速度等，可以衡量 SDN 对网络性

能的影响。具体而言，分析这些指标的具体数值，并比较它们之间的差异和改善趋势，可以评估 SDN 在提高网络性能方面的实际效果，并了解其在电子政务网络中的潜在优势。

其次，关注故障恢复时间的评估。故障恢复是电子政务网络中不可或缺的一环，因此，通过对引入 SDN 之后的故障恢复时间进行比较和分析，可以确定 SDN 对减少故障恢复时间的实际效果。着重观察故障检测到恢复所需的时间，并与传统网络环境下的故障恢复时间进行对比。这将揭示 SDN 技术在提高网络可用性和降低故障对服务影响方面的潜力。

再次，评估 SDN 在网络安全性方面的作用。电子政务网络的安全性至关重要，因此分析引入 SDN 后的网络安全指标，如入侵检测准确率、访问控制强度和网络隔离性等，并比较其与传统网络环境下的安全性水平。这将评估 SDN 在提高网络安全性方面的实际效果，并为未来的改进提供指导。

最后，基于对这些效果评估的结果，提出一系列改进建议，以进一步优化 SDN 在电子政务网络中的应用。这些建议可能包括但不限于以下方面：

①改善网络监控策略

针对具体的应用案例，提出改进网络监控策略的建议。这可能包括增加监测点的数量和位置，优化监测算法及引入智能分析工具等。通过改善网络监控策略，可以提高对网络状态的实时感知和异常检测能力，进而增强网络的稳定性和安全性。

②加强故障检测算法

在故障恢复方面，我们将提出改进故障检测算法的建议。这可能包括引入机器学习和人工智能技术，以提高对故障事件的准确性和及时性。通过加强故障检测算法，可以更快地检测到网络故障，并迅速采取相应的恢复措施，减少服务中断的时间和影响。

③优化网络拓扑设计

针对电子政务网络的特殊需求，提出优化网络拓扑设计的建议。这可能包括合理划分网络域，优化数据流路径以及增加冗余链路等。通过优化网络拓扑设计，可以提高网络的弹性和可靠性，减少单点故障的风险，并提高整体的网络性能和安全性。

这些效果评估结果的全面分析和改进建议的提出，将为 SDN 在电子政务网络中的应用提供有益的指导和建议。这将有助于政府和组织更好地利用 SDN 技术，进一步提高网络的可靠性、安全性和性能，以满足日益增长的电子政务需求。

4. 总结

SDN 在电子政务网络中的应用已经取得了显著的成效。通过前面章节的案例研究和讨论，可以看到 SDN 在电子政务网络中的部署、安全加固和防御，以及网络监控和故障恢复等方面带来的许多益处。本节将对 SDN 在电子政务网络中的应用案例和效果进行总结，并强调 SDN 在这一领域的潜力和未来发展的方向。

首先，通过部署案例研究，可以发现 SDN 在电子政务网络中能够实现快速部署和集中管理。在政府部门、城市智能化管理和跨机构协作等场景中，SDN 提供了灵活性和可编程性，使网络设备的部署和管理变得更加高效和简化。SDN 的集中化控制和自动化特性，使网络管理员可以通过云管理平台对所有分支机构的网络设备进行统一管理，实现了网络管理的集中化和自动化，提高了管理效率和可靠性。

其次，安全加固和防御措施是 SDN 在电子政务网络中的关键应用。电子政务网络面临着来自内部和外部的安全威胁，传统的网络安全措施存在局限性。SDN 通过提供安全加固功能、访问控制、流量监测和威胁检测等安全特性，增强了电子政务网络的安全性。实际应用案例和效果评估显示，SDN 在电子政务网络中的安全加固措施，能够有效地降低网络威胁和风险，保护政府数据和信息的安全。

最后，SDN 在电子政务网络中的网络监控和故障恢复能力，为网络管理人员提供了更好的可视化和实时监控手段。SDN 的网络监控方案和故障检测与恢复策略，使网络管理人员能够及时发现网络故障并迅速进行定位和修复，提高了网络的稳定性和可靠性。实际应用案例和效果评估显示，SDN 在电子政务网络中的网络监控和故障恢复能力极大地缩短了故障修复时间，并提高了网络的可用性，增强了用户体验。

总的来说，SDN 在电子政务网络中的应用案例表明，它具有许多优势和潜力。SDN 能够快速部署和集中管理网络设备，提高网络管理的效率和可靠性。同时，SDN 的安全加固和防御措施增强了电子政务网络的安全性，保护政府数据和信息的安全。此外，SDN 的网络监控和故障恢复能力提供了更好的实时监控和故障修复手段，提高了网络的稳定性和可用性。

然而，尽管 SDN 在电子政务网络中取得了显著成果，但仍存在一些挑战和问题。例如如何进一步提高 SDN 的安全性能，以应对日益复杂的网络安全威胁；如何优化 SDN 的性能和可扩展性，以适应不断增长的数据流量和用户需求；如何加强 SDN 的兼容性和互操作性，以实现与现有网络设备和协议的无缝集成。未来，随着技术的发展和创新，SDN 在电子政务领域将继续发挥重要作用，并为电子政务的发展带来更多的机遇和改进。

总之，SDN 在电子政务网络中的应用案例和效果，显示出其在提高网络管理效率，增强网络安全性，以及提供实时监控和故障恢复能力等方面有巨大的潜力。未来的发展将需要进一步的研究和创新，以应对不断增长的需求和挑战，为电子政务网络提供更可靠、更安全和更高效的解决方案。

第4节　SDN安全准入

在现代网络环境中，网络安全是至关重要的。为了确保网络的安全性和可靠性，人们引入了SDN技术。SDN安全准入是一种机制，用于控制和管理网络中各个实体的访问权限，以保护网络免受未经授权的访问和恶意攻击。本节将详细介绍SDN安全准入的实现机制，包括用户身份认证和授权、访问控制和权限管理，以及安全事件监测和响应等方面的内容。

1. SDN安全准入的实现机制

SDN安全准入机制的核心目标是确保只有经过授权的用户和设备能够访问和操作网络资源。为实现这一目标，该机制主要包括以下几个方面：

（1）用户身份认证和授权

SDN安全准入机制首先要求用户进行身份认证，以确保其合法性和真实性。这可以通过多种方式实现，例如用户名密码认证、数字证书认证或双因素认证等。一旦用户通过身份认证，系统会根据用户的权限级别授予相应的访问权限。这样可以确保只有合法用户才能访问特定的网络资源，从而保障网络的安全性。

（2）访问控制和权限管理

SDN安全准入机制还包括访问控制和权限管理功能，可以通过建立访问控制列表，对网络资源的访问进行细粒度的控制。ACL可以根据源IP地址、目标IP地址、协议类型、端口号等多个因素，来确定允许或拒绝特定类型的流量。此外，还可以通过角色分配来管理用户的权限，将不同的权限赋予不同的用户角色，从而实现灵活的访问控制策略。

（3）安全事件监测和响应

SDN安全准入机制还包括对安全事件的监测和响应能力。通过实时监测网络流量和日志信息可以及时发现潜在的安全威胁和攻击行为。一旦发现异常情况，系统会立即触发相应的安全事件响应机制，例如阻断非法访问，隔离受感染的设备或发送警报通知管理员等。这样可以迅速应对网络安全事件，减少潜在损失并提高网络安全性。

综上所述，SDN安全准入机制通过实现用户身份认证和授权、访问控制和

权限管理和安全事件监测与响应等功能，为网络提供了全方位的安全保障。它不仅能够有效防止未经授权的访问和恶意攻击，还能提高网络安全性和可靠性，为企业和个人的网络环境提供可靠的保护。

2. SDN 安全准入的技术架构

在 SDN 中，安全准入是确保只有合法用户能够访问和操作网络资源的关键步骤。为了实现这一目标，需要建立一个完善的技术架构，包括用户身份信息的采集和管理，访问控制策略的制定和实施，以及安全事件的检测和处理。

（1）用户身份信息的采集和管理

在 SDN 中，用户的合法性是至关重要的。因此，首先需要建立一个身份信息管理系统，用于采集和管理用户的相关信息。该系统可以与现有的认证和授权系统进行集成，以确保用户的身份得到准确验证。同时，系统还需要具备灵活的数据存储和查询功能，以支持不同用户类型和权限的管理需求。

（2）访问控制策略的制定和实施

一旦用户身份信息被采集和管理，就需要根据这些信息来制定和实施访问控制策略。访问控制策略是 SDN 安全准入的核心组成部分，它定义了用户可以访问的网络资源和操作权限。通过制定合理的访问控制策略，可以实现对网络资源的精细化管理，确保只有合法用户才能够获得所需的网络服务。此外，访问控制策略还需要具备可扩展性和灵活性，以适应不断变化的安全需求和技术发展。

（3）安全事件的检测和处理

在 SDN 中，安全事件的发生是不可避免的。为了及时发现并应对这些安全事件，需要建立一个全面的安全事件监测系统。该系统可以实时监测网络流量、设备状态和用户行为等信息，并通过预设的规则和模型进行异常检测。一旦发现异常情况，系统会立即触发相应的安全事件响应机制，采取相应的措施进行处理。这可能包括隔离受感染的设备，阻止恶意流量或通知管理员等操作。同时，安全事件监测系统还需要与其他安全组件紧密集成，形成一个完整的安全管理闭环。

综上所述，SDN 安全准入的技术架构涵盖了用户身份信息的采集和管理、访问控制策略的制定和实施以及安全事件的检测和处理等方面。建立这样一个完善的技术架构，可以确保 SDN 的安全性和可靠性，为用户提供安全可靠的网络服务。

3. SDN 出现安全事件的快速溯源

快速溯源是指通过分析网络流量、设备日志和其他相关数据，确定安全事件发生的原因和来源。这通常需要专业的网络安全工具和技术，以及深入的网络知识和经验。

在 SDN 环境中，由于网络控制和数据转发的分离，如果发生安全事件，可能需要在不同的设备和系统之间进行追踪。这就需要使用专门的 SDN 安全工具，如网络流量分析器、入侵检测系统等，来帮助识别和定位问题。

此外，快速溯源还需要对 SDN 的工作原理有深入的理解。这包括了解 SDN 的网络拓扑结构、控制器和数据平面设备的功能，以及它们如何协同工作来实现网络的动态配置和管理。

总的来说，当 SDN 出现安全事件时，快速溯源是一个重要的步骤，它可以帮助我们确定问题产生的根源，从而采取有效的措施来解决它。

第5章 软件定义网络和电子政务网络的未来发展

第1节 SDN技术在电子政务中的发展前景和趋势

1. SDN技术概述

相比传统网络架构，SDN提供了更灵活、可编程和智能化的网络管理方式。

传统网络架构中，网络设备负责同时处理数据转发和控制功能，这限制了网络管理的灵活性和可编程性。而SDN通过将网络控制集中在控制器上，实现了网络控制与数据转发的解耦，使网络管理员可以通过集中的控制器来配置和管理整个网络，而不需要逐个设备进行配置。

SDN在电子政务网络中具有很大的应用潜力。电子政务是指政府机构利用信息和通信技术来提供公共服务和管理事务的过程。SDN具有以下几个方面的优势：

首先，SDN的灵活性和可编程性使得政府机构能够根据实际需求快速调整和配置网络，从而更好地适应不断变化的政务需求。政府部门在处理不同类型的任务时，可以根据需要重新配置网络策略和路由，以提供更高效的服务。

其次，SDN可以提供网络流量的智能路由和管理。政府机构的网络通常承载着大量的敏感信息和重要数据，因此，确保其安全至关重要。SDN可以通过集中的控制器和智能路由算法来监控和管理网络流量，从而增强安全性和实现更好的流量控制。

最后，SDN还可以提供网络资源的动态分配和优化。政府机构的网络通常面临着不同应用和服务之间的资源竞争，如视频会议、文件传输、数据存储等。SDN 可以通过集中的控制器和动态配置功能，根据实时需求进行网络资源的分配和优化，以提高网络性能和资源利用率。

然而，SDN 在电子政务中也面临一些挑战。例如 SDN 的部署和管理需要一定的技术和专业知识，对网络管理员的能力和技术水平提出了更高的要求。此外，SDN 的安全性和可靠性也是关键问题，需要采取适当的安全措施来保护网络免受潜在的威胁和攻击。

尽管如此，SDN 在电子政务网络中已经有了一些成功案例。许多政府机构已经采用 SDN 来优化网络性能，提高服务质量，并实现更好的资源管理和安全控制。

未来，SDN 在电子政务中的发展前景十分广阔。随着物联网、人工智能和区块链等新兴技术的兴起，SDN 将与这些技术相结合，为电子政务带来更多创新和发展机会。此外，SDN 标准化的推进和政策支持的增加也将促进 SDN 技术在电子政务领域的应用和推广。

2. SDN 在电子政务网络中的应用潜力

SDN 作为一种创新的网络架构，对电子政务网络的发展具有巨大的应用潜力。SDN 通过将网络控制层与数据转发层分离，实现了网络的集中管理，增强了灵活性，为电子政务网络提供了许多重要的优势和机遇。

在电子政务中，网络可靠性和安全性至关重要。SDN 的集中控制和网络智能能力使得政府机构能够更好地监控和管理网络，快速检测和应对安全威胁，提高网络的可靠性和安全性。通过集中管理，政府可以实施统一的安全策略、访问控制和防火墙规则，确保政务数据和服务的保密性和完整性。

SDN 可以帮助政府机构更有效地管理网络资源，实现资源的动态分配和优化。政府部门可以根据实际需求对网络带宽、延迟和服务质量进行灵活配置，确保关键应用的高效运行。此外，SDN 还可以支持政府机构实施虚拟化和云计算技术，提供具有弹性和可扩展性的网络基础设施，满足政务的快速发展和需求变化。

在电子政务中，政府机构通常需要在多个云平台之间进行部署和协作。SDN 可以帮助实现跨云环境的统一管理和编程，简化政府机构在多云环境下的网络操作和维护。SDN 的网络虚拟化和隔离功能可以确保政府机构之间的互相隔离，保护数据隐私和安全。此外，SDN 还能够支持政府机构间的跨机构协作，实现资源共享和服务整合，提高政务服务的效率和质量。

SDN 为政府机构提供了一个灵活、可编程的网络平台，促进政务创新和数字化转型。政府可以利用 SDN 技术，快速开发和部署新的政务应用和服务，提高政府机构的运营效率和服务质量。例如通过 SDN 的网络编程能力，政府可以实现智能交通管理、智慧城市建设等创新应用，提升公共服务水平，改善居民生活质量。

尽管 SDN 在电子政务中具有巨大的应用潜力，但也面临一些挑战。其中包括：

（1）技术成熟度和标准化程度

SDN 技术仍处于发展初期，标准和规范仍在不断演进。政府机构在采用 SDN 时需要考虑技术成熟度和标准化程度，以确保系统的稳定性和互操作性。

（2）网络安全和隐私保护

随着电子政务的不断发展，网络安全和隐私保护变得更加重要。政府机构需要采取适当的安全措施，确保 SDN 的安全性，防止未授权访问和数据泄露。

（3）人员培训和管理

SDN 的采用需要具备相关技术和专业知识的人员。政府机构需要进行人员培训和组织管理，以充分发挥 SDN 技术的优势和潜力。

综上所述，SDN 在电子政务网络中具有广阔的应用潜力。通过提高网络可靠性和安全性，实现网络资源优化和灵活性，促进多云环境和跨机构协作，以及加速政务创新和数字化转型，SDN 有助于推动电子政务的发展，提高政府机构的运营效率和服务质量。然而，政府机构在采用 SDN 时需要充分考虑技术成熟度、网络安全和隐私保护等挑战，并制定相应的解决策略和管理措施。随着 SDN 技术的不断演进和成熟，相信它将在电子政务中发挥越来越重要的作用。

3. SDN 的优势和挑战

SDN 作为一种新型网络架构和管理方法，在电子政务网络中具有许多独特的优势。然而，与任何新技术一样，SDN 也面临着一些挑战。本节将重点讨论 SDN 在电子政务中的优势和挑战。

（1）灵活性和可编程性

SDN 通过将网络控制从传统的分布式设备中抽离出来，使网络管理员能够通过中央控制器动态地配置、管理和编程网络。这种灵活性使得电子政务网络能够快速响应需求变化，并支持新的应用和服务的部署。管理员可以通过编程和自动化来实现网络策略的快速调整和变更，从而提高网络的灵活性和适应性。

（2）集中式管理和控制

SDN 的核心思想是将网络控制和管理从分布在各个设备上的控制平面集中到一个中央控制器中。这种集中式管理和控制使得电子政务网络的监控、故障排除和安全管理更加高效和可靠。管理员可以通过集中的控制器实时监测和管理整个网络，从而提高网络的可靠性和安全性。

（3）自动化和编程能力

SDN 使得网络管理和配置可以通过编程自动化来实现，从而减少了对人工干预的需求。通过 SDN 控制器提供的编程接口和开放标准，管理员可以自定义编写应用程序和脚本来实现网络配置和管理的自动化。这种自动化能力使得电子政务网络的部署、配置和维护更加高效和可靠。

（4）智能化和优化

SDN 可以通过集中式控制器对网络流量进行智能管理和优化。管理员可以通过 SDN 控制器对网络流量进行监控和分析，从而实现流量工程、负载均衡和路径优化等功能。这种智能化和优化能力可以提高电子政务网络的性能和效率。

虽然 SDN 在电子政务网络中具有许多优势，但它也面临着一些挑战，这些挑战需要被认真对待和解决。

（1）安全性和隐私

由于 SDN 的中心控制器集中管理整个网络，一旦控制器受到攻击或被入侵，整个网络都将面临风险。攻击者可以利用漏洞或恶意代码来干扰或控制 SDN。此外，SDN 的可编程性和自动化特性可能会引入新的安全漏洞和攻击面。因此，确保 SDN 的安全性和隐私保护成为一大重要挑战。解决这个挑战的关键在于采取多层次的安全措施，包括对 SDN 控制器和网络设备进行认证和授权，使用加密技术来保护控制器和数据传输，实施流量监控和异常检测机制等。

（2）可靠性和鲁棒性

SDN 的集中式控制器是整个网络的关键节点，一旦控制器发生故障或失

效，整个网络可能会受到严重影响甚至瘫痪。因此，确保 SDN 的可靠性和鲁棒性是一个关键的挑战。为了应对这个挑战，可以采用冗余和容错机制来确保控制器的高可用性。例如可以使用备用控制器来接管主控制器的工作，以保证网络的持续运行。此外，还可以实施网络监测和自动故障恢复机制，及时检测和修复网络中的故障。

（3）标准化和互操作性

SDN 是一个相对新的技术，缺乏统一的标准和规范。这导致不同供应商的 SDN 解决方案可能存在互操作性问题，限制了 SDN 的广泛应用和部署。标准化 SDN 接口和协议的制定，是实现 SDN 互操作性的关键。相关的标准化组织和行业协会，可以在制定 SDN 标准方面发挥重要作用，促进不同供应商的设备和解决方案之间的互操作性。

（4）技术成熟度和成本

尽管 SDN 技术有着广阔的应用前景，但在一些方面仍然存在技术成熟度和成本方面的挑战。一些 SDN 解决方案可能需要更新和改进，以满足电子政务网络的特定需求。此外，SDN 的实施和部署可能需要大量的投资和资源，这也是一个需要重点考虑的挑战。为了应对这些挑战，需要继续进行 SDN 技术的研发和改进，提高其性能和可靠性。同时，政府和组织可以提供支持和资金，推动 SDN 技术的应用和发展，并逐步降低其成本。

综上所述，SDN 在电子政务网络中的应用面临着安全性、可靠性、标准化和成本等方面的挑战。通过采取适当的安全措施，实施冗余和容错机制，推动标准化以及进行技术改进和成本优化，可以克服这些挑战，并实现 SDN 在电子政务中的有效应用。

4. SDN 未来的发展趋势和预测

随着信息技术的迅猛发展和电子政务的广泛应用，SDN 在电子政务领域的前景愈加引人注目。在未来，SDN 将继续推动电子政务网络的创新和进步。以下是对 SDN 未来发展趋势的预测。

（1）网络自动化和智能化

网络自动化和智能化是未来 SDN 发展的重要趋势之一。随着人工智能和机器学习的迅猛发展，SDN 将能够更大程度地实现网络的自动化和智能化，为电子政务网络提供更高效和可靠的服务。

未来，SDN将利用人工智能和机器学习的技术来处理和分析大量的网络数据，实时优化网络配置和资源分配。通过分析网络流量和需求，SDN可以自动调整网络拓扑结构，优化带宽分配，从而提供更好的网络性能和服务质量。例如当网络流量过大或出现拥塞时，SDN可以根据实时数据和预测模型，自动调整网络路由，分配更多带宽给高优先级的应用，确保关键任务的顺利进行。

另外，SDN还可以结合自动化的安全策略，实现网络的自我防御和自愈能力。通过实时监测和分析网络流量，SDN可以识别异常行为和安全威胁，并采取相应的措施进行防御和修复。例如当发现网络中存在异常的数据包或攻击行为时，SDN可以立即调整网络策略，隔离受影响的部分，确保整个网络的安全性和稳定性。

人工智能在SDN中的应用还可以帮助网络管理人员更好地预测和规划网络需求。通过分析历史数据和趋势，人工智能可以提供准确的网络容量规划和资源分配建议。这样，网络管理人员可以根据预测的需求情况，提前做好网络扩容或升级的准备，确保网络的可扩展性和高性能。

然而，实现网络自动化和智能化也面临一些挑战。首先，网络数据的收集和处理需要大量的计算资源和存储空间。为了支持大规模的数据分析和处理任务，需要强大的计算和存储基础设施。其次，人工智能算法的训练和优化需要大量的标记数据和计算能力。为了实现准确的预测和决策，需要大量的数据样本进行训练，并且需要高性能的计算平台来支持复杂的机器学习算法。最后，随着网络规模的增长和复杂性的提高，网络管理的自动化和智能化也面临挑战。需要建立适应不同网络环境和需求的智能化管理模型和算法，同时，解决多供应商和多技术的互操作性问题。

尽管面临一些挑战，网络自动化和智能化对于电子政务网络的未来发展仍具有重要意义。SDN的自动化和智能化特性，可以提高网络资源的利用率和性能，降低网络管理的复杂性和成本，同时，提供更好的安全性和灵活性。未来，随着人工智能和机器学习技术的不断成熟，网络自动化和智能化的应用将得到进一步的扩展和深化，为电子政务网络带来更多创新和进步。

（2）多云和混合云环境的支持

多云和混合云环境的支持是 SDN 技术在电子政务中未来发展的重要趋势之一。随着云计算的普及和发展，政府机构越来越多地采用多云和混合云环境，以满足不同应用场景的需求。在这种环境下，SDN 将变得更加重要，它可以提供无缝迁移和管理应用程序的功能，更具弹性和灵活性。

多云环境指的是政府机构使用多个云提供商来部署和管理其应用程序和数据。这种方法可以带来诸多好处，包括提高容灾能力，降低供应商依赖性，实现灵活的资源配置等。然而，多云环境也带来了一些挑战，例如不同云提供商之间的网络互操作性、策略管理的一致性等。在这方面，SDN 可以发挥重要作用。

首先，SDN 可以提供跨云边界的统一控制。通过 SDN 控制器的集中管理，政府机构可以跨多个云提供商实现统一的网络策略和管理。SDN 控制器可以监控整个多云环境的网络状态和流量，根据需求进行实时的网络配置和优化。这种统一的控制平台简化了复杂的云网络架构，使政府机构能够更轻松地管理和调整其网络资源。

其次，SDN 可以提供灵活的流量路由和负载均衡。在多云环境中，政府机构可能需要将应用程序和数据分布在不同的云提供商之间，以实现最佳的性能和可用性。SDN 的灵活路由功能可以根据应用程序的需求将流量动态地引导到不同的云实例中，从而实现负载均衡和流量优化。这种动态路由和负载均衡的能力使政府机构能够充分利用多个云提供商的资源，提高应用程序的性能和可扩展性。

此外，SDN 还可以提供安全性和隐私保护方面的支持。在多云环境中，政府机构需要确保跨不同云提供商的网络连接和数据传输的安全性。SDN 可以通过集中的安全策略管理和流量监测，提供统一的安全策略和威胁检测机制。政府机构可以定义和执行统一的安全策略，跨多个云提供商保护其网络和数据的安全性。此外，SDN 还可以通过加密和隔离技术，保护敏感数据的隐私和完整性。

未来，随着 SDN 技术的不断发展，多云和混合云环境的支持将得到进一步加强。SDN 将进一步提高对多个云提供商的集成能力和互操作性，实现更大程度的自动化和智能化。政府机构将能够更加灵活地管理和调整其云资源，根据实际需求实现快速部署和扩展。同时，SDN 将继续关注安全性和隐私保护，提供更强大的安全控制和威胁检测能力，确保政府机构在多云环境中的数据和网络安全。

综上所述，多云和混合云环境的支持是 SDN 技术在电子政务中未来的发展趋势之一。通过 SDN 的统一控制、灵活路由和负载均衡以及在安全性和隐私保护方面的支持，政府机构将能够更好地利用多个云提供商的资源，实现更高的弹性和灵活性。随着 SDN 技术的不断演进，未来的 SDN 将进一步提升对多云环境的集成能力和智能化水平，为电子政务网络的发展带来更多机遇和优势。

（3）边缘计算的整合

边缘计算的整合对于未来的 SDN 发展具有重要意义。随着物联网的兴起，大量的传感器和设备产生的数据需要在网络边缘进行实时处理和响应。边缘计算作为一种将数据处理和存储推向网络边缘的计算模式，可以降低数据传输的延迟和网络拥塞，并提供更快速的决策和响应能力。

SDN 与边缘计算的整合，将为电子政务网络带来多方面的优势。

首先，SDN 可以提供智能的网络管理和资源调配，使边缘设备能够高效连接和通信。边缘设备通常分布在较为分散和广泛的地理区域，涉及不同的网络设备和接入技术。通过 SDN 的集中控制和灵活的网络配置，政府机构可以实现对边缘设备的统一管理和资源分配，提供一致的服务质量和安全策略。

其次，SDN 可以实现边缘网络的灵活性和弹性。边缘设备通常需要根据实时的需求进行动态的资源调配和网络连接。SDN 的可编程性和虚拟化特性使得边缘设备的网络配置和服务部署更加灵活，能够根据需求实时调整带宽、路由和安全策略等参数。这样一来，政府机构可以根据具体的应用场景和需求，在边缘设备上提供个性化的服务和功能，提高电子政务网络的智能化水平。

再次，SDN 与边缘计算的整合还可以降低数据传输的延迟和网络拥塞。传感器和设备产生的大量数据需要在边缘进行实时处理和响应，而传统的中心化数据处理模式往往面临着网络带宽瓶颈和延迟问题。通过在边缘部署 SDN 控制器和数据处理节点，可以将数据处理和决策推向离数据源更近的位置，缩短数据传输的距离和时间。这样一来，政府机构可以更快速地进行数据分析和决策，提高电子政务的响应能力和效率。

最后，SDN 与边缘计算的整合还可以提高网络的安全性和隐私保护。边缘设备通常面临着更大的安全风险，因为它们暴露在更容易受到攻击的网络边缘。通过 SDN 的集中管理和安全策略的实施，政府机构可以对边缘设备进行统一的安全监控和访问控制，及时检测和阻止潜在的安全威胁。此外，SDN 还可以提供隔离和加密技术，确保数据在边缘网络中的传输和存储的安全性和隐私保护。

未来的 SDN 与边缘计算的整合将在电子政务中推动网络的智能化和创新。然而，实现这一整合也面临着一些挑战。首先，边缘设备数量庞大且异构，需要充分考虑其管理和配置的复杂性。其次，边缘网络对安全性和隐私保护需求较高，需要采取有效的安全措施和机制来应对潜在的威胁和风险。最后，边缘计算的标准化和互操作性问题也需要得到解决，以便不同供应商和组织之间实现边缘计算和 SDN 的无缝集成和合作。

综上所述，SDN 与边缘计算的整合将在未来的电子政务网络中发挥重要作用。它将提供智能的网络管理和资源调配，支持边缘设备的高效连接和服务。通过降低数据传输的延迟和网络拥塞，保障网络安全和用户隐私，SDN 与边缘计算的整合将推动电子政务网络的智能化和创新。然而，实现这一整合需要解决一些挑战，包括管理和配置的复杂性、安全性和隐私保护、标准化和互操作性等方面。

（4）网络切片的应用

网络切片（Network Slicing）是一种将物理网络划分为多个逻辑网络的技术，每个逻辑网络可以根据具体需求进行优化配置和管理。未来的 SDN 将广泛应用网络切片技术，为不同的电子政务应用场景提供定制化的网络服务和资源分配。通过网络切片，政府机构可以实现按需分配和管理网络资源，提供个性化的服务和安全保障。

网络切片在电子政务中的应用潜力巨大。政府机构面临着各种不同的电子政务应用场景，例如公共安全通信、电子医疗、智慧城市等。这些应用场景对网络的延迟、带宽、安全性等方面有着不同的要求。传统的网络架构难以满足这些多样化的需求，而网络切片技术能够提供相应的解决方案。

通过网络切片，政府机构可以根据不同的应用场景划分出独立的逻辑网络，每个逻辑网络都可以被配置和优化以满足特定需求。举例来说，对于公共安全通信，政府机构可以划分出一个专用的逻辑网络，提供低延迟、高可靠性的通信服务，以支持紧急救援和灾害应对。对于电子医疗，可以创建一个逻辑网络，专注于提供高带宽和低延迟的数据传输，以支持远程医疗、医疗影像等应用。智慧城市方面，可以划分出一个逻辑网络，注重传感器网络的连接和数据处理，以支持交通管理、环境监测等智慧城市应用。

网络切片技术不仅可以提供定制化的网络服务，还可以实现资源的按需分配和管理。通过网络切片，政府机构可以根据应用需求动态分配带宽、计算资源和存储资源，以最大化资源利用率。这种按需分配可以提高网络资源的灵活性和效率，减少资源的浪费。

此外，网络切片还有助于提供个性化的服务和安全保障。不同的电子政务应用对安全性和隐私保护有着不同的需求。通过网络切片，政府机构可以为每个逻辑网络配置适当的安全策略和控制机制，确保不同应用之间的隔离和保护。这样可以有效地防止潜在的安全威胁和数据泄露。

然而，实现网络切片并不是一项简单的任务，其中面临着一些挑战。

首先，网络切片需要对底层物理网络进行有效的划分和配置，这要求网络架构具备灵活性和可编程性。SDN 作为网络切片的基础技术之一，能够提供集中式的网络控制和编程能力，使网络切片的实施变得更加可行。

其次，网络切片需要在不同的网络设备和供应商之间实现互操作性。这要求制定一致的网络切片标准和接口，以确保不同网络设备之间的兼容性和协同工作。相关的标准化组织和产业联盟正在努力推动网络切片标准的制定和推广，以促进网络切片的应用和发展。

此外，网络切片的管理和运维也是一大挑战。政府机构需要有效地监控和管理多个逻辑网络，以确保它们按照预期运行。这包括网络资源的监控和调整、故障诊断和恢复、性能优化等方面的管理。为了应对这些挑战，管理系统和工具需要不断发展和完善。

综上所述，网络切片是未来 SDN 在电子政务中的重要应用之一。它能够为政府机构提供定制化的网络服务和资源分配，满足多样化的应用需求。网络切片的应用将提升网络灵活性、资源利用率和安全保障水平，推动电子政务网络的发展和创新。然而，实施网络切片需要克服一些技术和管理上的挑战，需要相关的标准化工作和管理手段的支持。随着技术的不断进步和发展，网络切片

在电子政务中的应用前景将更加广阔。

（5）开放性和标准化

开放性和标准化对于SDN的未来发展至关重要。SDN的开放性指的是开放的网络接口和协议，以促进不同供应商和组织之间的互操作性和协同创新。标准化则是制定共同的标准和指南，推动SDN技术在电子政务中的应用和发展。未来，SDN将继续推动开放性和标准化的进程，以实现更大范围的应用和更好的网络互操作性。

首先，SDN的开放性有助于实现多供应商的选择和集成。通过开放的网络接口和协议，不同供应商的SDN解决方案可以相互配合，使政府机构在选购和使用SDN技术时，具有更大的灵活性和选择空间。政府机构可以根据自身需求选择最适合的SDN产品，并将其整合到现有的电子政务网络中，而无须完全依赖单一供应商。这有助于降低供应商锁定风险，提高竞争力，并促进技术创新。

其次，SDN的开放性和标准化可以促进不同组织之间的合作和协同创新。政府部门、学术界和工业界可以共同参与制定和遵循开放的SDN标准和指南，共享技术和经验，加强交流与合作。通过制定共同的标准，不同组织可以在SDN的基础上开展合作研究，共同开发应用程序，并实现更高水平的互操作性。这将推动SDN技术的进一步发展，加速电子政务网络的创新和应用。

再次，开放性和标准化有助于降低SDN部署和维护的成本。采用开放的网络接口和协议可以避免特定供应商的锁定和限制，政府机构可以更灵活地选择和集成各种SDN组件和解决方案，减少技术集成和迁移的复杂性。此外，制定共同的标准和指南有助于提高SDN系统的互操作性和兼容性，降低系统集成和维护的成本。政府机构可以更高效地管理和维护SDN，提高资源利用率和运维效率。

最后，在推动SDN开放性和标准化的过程中，标准化机构和社区发挥着重要的作用。例如Open Networking Foundation（ONF）是一个重要的SDN标准化机构，致力于推动SDN的开放和标准化。ONF制定了诸多开放标准，如NETCONF协议，以促进SDN的发展和应用。此外，SDN社区的合作和贡献也是推动SDN开放性和标准化的关键因素。通过举办研讨会，成立标准工作组和开源项目，SDN社区可以促进不同组织之间的交流和合作，推动共同标准的制定和推广。

未来，随着SDN技术的不断发展和成熟，开放性和标准化将成为SDN的重要趋势之一。政府机构和相关组织应积极参与SDN的开放性和标准化工作，共同制定和遵循开放的SDN标准和指南。这将有助于促进SDN技术的广泛应用，推动电子政务网络的创新和发展，并为政府机构提供更高效、安全和可持续的网络服务。

总而言之，SDN在电子政务中的发展趋势将是网络自动化和智能化、多云和混合云环境的支持、边缘计算的整合、网络切片的应用以及开放性和标准化。这些趋势将推动SDN技术在电子政务领域的广泛应用和创新，为政府机构提供更高效、安全和灵活的网络服务。然而，随着SDN的发展，也会面临一些挑战，如安全性和隐私保护的考虑、技术标准的制定和统一管理等，这些问题需要得到充分关注和解决，以实现SDN技术的可持续发展和应用。

第 2 节　SDN 与其他新兴技术（如区块链、人工智能等）的结合

1. SDN 和区块链的结合

（1）SDN 和区块链结合的关键概念

区块链是一种分布式账本技术，通过在多个参与者之间共享和维护一个不可篡改的交易记录，实现了去中心化的数据存储和交易验证。区块链的核心特点包括去中心化、安全性、透明性和不可篡改性。

将 SDN 与区块链相结合可以为网络提供更高的安全性、可靠性和透明性。在此过程中，区块链可以用于验证和记录网络配置和控制信息，确保网络操作的可信度和一致性。以下是 SDN 和区块链结合的一些关键概念：

①分布式共识

区块链的核心机制之一是通过共识算法使所有参与者就交易的有效性达成一致。将分布式共识机制应用于 SDN 中，可以确保网络配置的一致性并防止潜在的恶意行为。

②智能合约

智能合约是在区块链上执行的自动化计算机程序，它可以定义和执行网络管理策略。在 SDN 中，智能合约可以用于自动化网络配置、策略实施和故障恢复等任务，提高网络管理的效率和准确性。

③安全和身份验证

区块链的分布式性质和密码学技术可以提供更强的网络安全性和身份验证机制。SDN 与区块链结合可以实现更可信的网络认证和访问控制，减少网络中的安全漏洞和攻击风险。

④透明性和审计能力

区块链的不可篡改性和可追溯性使得网络操作和配置信息可以被准确记录和审计。通过将 SDN 的操作信息记录到区块链上，可以实现对网络操作的全面审计和追踪，提高网络的可管理性和可信度。

综上所述，SDN 和区块链的结合可以为网络提供更高的安全性、可靠性和

可管理性。然而，这种结合也面临着一些挑战，如性能问题、标准化问题和互操作性问题等。尽管如此，随着研究和实践的进一步推进，SDN 和区块链的结合将在未来的网络中发挥重要作用。

（2）SDN 和区块链的优势和挑战

SDN 和区块链是两项创新性的技术，它们各自具有独特的优势和挑战。将 SDN 与区块链结合可以为网络和数据安全提供新的解决方案，同时，也带来了一些挑战。

首先，让我们看看 SDN 和区块链的优势。SDN 的主要优势之一是其灵活性和可编程性。SDN 架构将网络控制平面和数据转发平面分离，使网络可以根据实际需求进行快速配置和管理。这种可编程性使得 SDN 更具适应性和可扩展性，可以更好地满足不同应用场景的需求。

区块链作为一种去中心化的分布式账本技术，具有去中心化、不可篡改、透明和安全的特点。区块链的优势在于提供了一种可信任的数据交换和共享方式，消除了传统中心化模式下的单点故障和数据篡改的风险。通过区块链，网络参与者可以共享和验证数据，确保数据的完整性和一致性。

将 SDN 与区块链结合可以为网络安全提供更强的保护机制。区块链的去中心化特性可以防止单点故障和恶意攻击，确保网络数据的安全性和可靠性。同时，SDN 的可编程性使网络管理员可以根据区块链中的信任机制自动执行策略和安全控制，进一步提高网络的安全性。

然而，SDN 和区块链结合也面临一些挑战。首先，是性能和扩展性方面的挑战。区块链技术对计算和存储要求较高，可能会对 SDN 的性能产生一定影响。其次，区块链的共识算法和数据验证过程可能引入一定的延迟，需要在性能和安全性之间做出权衡。再次，与现有网络基础设施的集成问题，将 SDN 和区块链引入现有网络需要解决技术标准、协议兼容性和网络迁移等问题。最后，由于区块链的匿名性和不可篡改性，也可能增加监管和法规合规方面的风险。

尽管面临这些挑战，SDN 和区块链的结合仍然具有巨大的潜力。它可以应用于各个领域，如物联网安全、供应链管理、智能城市和金融等，为这些领域提供更安全、透明和高效的解决方案。

未来，随着 SDN 和区块链技术的不断发展和成熟，更多创新的应用和解决方案将会陆续出现。为了充分发挥 SDN 和区块链结合的优势，还需要进一步解决技术、标准、隐私和安全等方面的挑战，促进其广泛应用和可持续发展。

（3）SDN 和区块链结合的应用领域

SDN 和区块链是两个前沿的技术，它们的结合可以为各个领域提供新的解决方案。下面将介绍几个 SDN 和区块链结合的应用领域：

①供应链管理

供应链管理是一个复杂的过程，涉及多个参与方之间的合作和信息交换。将 SDN 和区块链结合，可以建立可信的供应链网络，实现更高效、透明和安全的供应链管理。区块链技术可以确保供应链信息的不可篡改性和可追溯性，而 SDN 可以实现灵活的网络管理和资源分配，使供应链中的各个节点能够更好地协同工作。

②物联网（IoT）安全

物联网的快速发展给网络安全带来了挑战，因为大量的物联网设备容易受到攻击。SDN 可以与区块链相结合，建立可信任的物联网安全框架。区块链技术可以用于设备身份验证、访问控制和安全日志记录，而 SDN 可以提供实时的网络监控和调整安全策略，从而保护物联网设备和网络免受潜在的攻击。

③云计算和边缘计算

SDN 和区块链的结合可以为云计算和边缘计算提供更高的安全性和可信度。通过将区块链技术应用于云计算和边缘计算中的资源管理和访问控制，可以建立一个去中心化的信任模型，使得云计算和边缘计算的资源分配更加公平和透明。同时，SDN 可以通过动态的网络配置和流量管理，提高云计算和边缘计算的性能和效率。

④跨组织合作

SDN 和区块链的结合可以促进跨组织之间的合作和共享资源。通过使用区块链技术建立信任和提高透明度，不同组织可以共享网络资源，协同工作和实现互操作性。而 SDN 的引入，则为这种跨组织合作带来了网络管理的灵活性和资源的优化分配，从而进一步提升了合作过程的高效性和可持续性。

SDN 和区块链结合的应用领域还在不断扩展和发展，未来可能会涉及更多领域，如智能城市、医疗保健和金融等。然而，同时也要注意到 SDN 和区块链结合所面临的挑战，如性能和可扩展性方面的限制，以及合规性和隐私保护等问题。因此，进一步的研究和实践将为 SDN 和区块链结合的应用领域带来更多的创新和突破。

2. SDN 和人工智能的结合

（1）人工智能在 SDN 中的应用

人工智能是一门研究如何使计算机模拟人类智能的学科。人工智能涵盖了多种技术和方法，包括机器学习、深度学习、自然语言处理和专家系统等。人工智能的目标是让计算机具备感知、理解、推理和学习等类似人类智能的能力。

SDN 和人工智能的结合是将人工智能技术应用于 SDN 中，以提高网络的智能性和自动化程度。这种结合可以为 SDN 带来更高级的网络管理和优化安全性能。

在 SDN 中，人工智能可以应用于以下几个方面：

①网络管理和优化

人工智能可以通过分析网络流量、拓扑结构和性能数据来预测和识别网络故障，并自动采取相应的措施进行网络管理和优化。通过机器学习和深度学习等技术，人工智能可以实现自适应的网络配置和资源调度，提高网络的效率和性能。

②安全性和威胁检测

人工智能可以应用于网络安全领域，通过分析网络数据流量和行为模式，检测和预防网络攻击和威胁。人工智能可以自动识别异常行为，并及时采取防御措施，提高网络的安全性和防护能力。

③智能网络服务和应用

结合人工智能的 SDN 可以实现智能化的网络服务和应用。例如利用机器学习算法，可以根据用户的需求和行为模式，自动优化网络服务质量，提供个性化的网络体验。另外，人工智能还可以应用于网络数据分析和智能决策，帮助网络管理员做出更准确的决策和预测。

（2）SDN 和人工智能的优势和挑战

SDN 和人工智能的结合为电子政务网络带来了许多优势，但同时也面临着一些挑战。

第一，优势方面：

①自动化和智能化管理

SDN 通过中央控制器和分离的数据平面实现网络管理的集中化和可编程化。当结合人工智能技术时，可以实现智能决策和自动化的网络管理。AI 可以

分析和处理大量的网络数据，通过学习和推理提供智能化的决策支持，从而优化网络资源的配置和管理，提高网络性能和效率。

②自适应和优化网络性能

SDN 和人工智能结合可以实现自适应的网络管理和优化。AI 可以实时监测网络状态和流量，并根据网络需求和用户行为进行智能的网络资源分配和流量调度，以提供最佳的网络性能和用户体验。这种自适应性和优化能力，可以帮助电子政务网络应对不断变化的需求和流量负载。

③强化网络安全和威胁检测

SDN 和人工智能结合可以提高电子政务网络的安全性。AI 可以利用机器深度学习算法分析网络数据，检测异常流量和网络攻击，及时发现和应对安全威胁。SDN 的可编程性使得网络安全策略的实施更加灵活，而人工智能技术可以提供更准确和实时的安全检测和响应能力。

第二，挑战方面：

①复杂性和可扩展性

SDN 和人工智能的结合在大规模的电子政务网络中需要应对复杂性和可扩展性的挑战。这涉及如何管理和处理大规模的网络数据，如何在分布式的 SDN 架构中有效地应用人工智能算法，并确保系统的高效性和可靠性。

②数据隐私和安全

在利用人工智能分析网络数据时，涉及个人隐私和敏感信息的处理。必须采取适当的隐私保护和安全措施，确保网络数据的机密性和完整性，以防止数据被泄露和滥用。

③缺乏标准和规范

目前，针对 SDN 和人工智能结合的标准和规范还相对较少，缺乏统一的框架和指南。这使不同供应商和组织的实现方式存在差异，带来互操作性和可扩展性方面的挑战。

总体而言，SDN 和人工智能的结合为电子政务网络带来了巨大的潜力和优势，但在实际应用中仍需克服一些困难。随着技术的发展和标准化的推进，SDN 和人工智能的结合将为电子政务网络带来更多创新和改进的机会。

（3）SDN 和人工智能结合的应用领域

SDN 和人工智能是两个相互补充且具有巨大潜力的领域。将它们结合起来可以为各个行业提供创新的解决方案，并在多个应用领域发挥重要作用。

①网络安全和威胁检测

SDN 的灵活性和可编程性使其成为维护网络安全的理想选择。将人工智能与 SDN 相结合，可以实现智能化的网络安全和威胁检测。人工智能可以分析网络流量、行为模式和异常活动，及时识别和应对潜在的安全威胁。SDN 可以根据人工智能的分析结果实时调整网络策略和流量路由，从而增强网络的安全性和防御能力。

②网络资源管理和优化

SDN 结合人工智能可以实现对网络资源的智能管理和优化。SDN 可以通过人工智能的学习和预测能力，根据实时的网络流量和需求情况，智能调整网络资源的分配和使用。这可以提高网络的性能和效率，降低能耗，并实现更好的负载均衡和容错。

③软件定义边缘网络

边缘计算的兴起带来了大量的智能设备和传感器，这些设备需要高效、灵活和安全的网络支持。SDN 结合人工智能可以实现软件定义的边缘网络，使得网络能够智能适应边缘环境的需求。通过人工智能的感知和决策能力，SDN 可以根据边缘设备的要求，实时调整网络拓扑和资源分配，提供高效的边缘计算体验。

④5G 和物联网

5G 和物联网的快速发展对网络提出了更高的要求。SDN 结合人工智能可以实现对 5G 和物联网网络的智能管理和控制。人工智能可以根据大数据分析和预测，实现对大规模设备连接的优化和调度。SDN 可以根据人工智能的指导，实现对网络切片、流量控制和服务质量的智能化管理，以满足不同应用场景的需求。

总之，SDN 和人工智能的结合在网络安全、资源管理、边缘计算以及 5G 和物联网等领域都有着广阔的应用前景。它们的结合可以实现智能化、高效率和安全的网络管理和服务，为各行各业带来创新的解决方案和商业机会。然而，这种结合也面临着技术整合、数据隐私和伦理等方面的挑战，需要通过进一步的研究和探索来解决这些问题。未来，随着技术的不断发展和应用场景的不断拓展，SDN 和 AI 的结合将在更多领域发挥更大的潜力和影响力。

3. SDN 和大数据的结合

（1）SDN 和大数据结合的基本概念

大数据是指在传统数据处理工具难以处理的规模和复杂度下，产生的海量数据集合。这些数据往往具有多样的来源和类型，包括结构化数据（如关系数据库中的数据）、半结构化数据（如日志文件和 XML 文档）及非结构化数据（如社交媒体帖子和图像视频）。大数据具有三个主要特点，即大量性（Volume）、多样性（Variety）和高速性（Velocity）。

SDN 和大数据的结合，是将 SDN 的灵活性和可编程性与大数据的处理和分析能力相结合。这种结合可以提供更高效、可扩展和智能的网络管理和优化方法，以应对不断增长的数据流量和日益复杂的网络环境。

（2）SDN 和大数据的优势

SDN 与大数据的结合可以带来以下优势：

①灵活性和可编程性

SDN 允许网络管理员通过集中的控制器对网络进行编程和管理，从而实现对网络的灵活控制。结合大数据技术，管理员可以根据网络流量、性能指标和用户行为等数据来自动调整网络配置和策略，以满足不断变化的需求。

②实时数据分析

大数据技术可以收集、存储和分析网络中产生的海量数据。结合 SDN，可以实时捕获和分析网络流量、性能指标和安全事件等数据，从而提供实时的网络洞察和决策支持。这种实时数据分析可以帮助网络管理员及时发现和解决网络问题，提高网络的可靠性和性能。

③智能路由和负载均衡

通过结合 SDN 和大数据，网络管理员可以利用大数据分析来优化路由和负载均衡决策。基于对网络流量和拓扑的深入分析，SDN 可以动态地调整路由路径和负载均衡策略，以提高网络的效率和可扩展性。

④安全增强

在网络安全领域，大数据分析技术同样发挥着重要作用，它能够帮助我们深入检测并识别网络中的异常行为和安全威胁。通过与 SDN 的结合，我们不仅可以实时监测安全相关的数据，如网络流量、事件日志和安全策略等，还能利用 SDN 的灵活性，动态地调整安全策略，及时隔离恶意流量，从而显著提升网络的安全防护能力。

SDN 和大数据的结合也面临一些挑战：

①数据管理和存储

大数据技术需要高效的数据管理和存储系统来处理和存储大规模的数据。对于 SDN 来说，需要考虑如何有效地收集、存储和处理来自分布式网络设备和传感器的数据，以支持大数据分析。

②复杂性和可扩展性

SDN 和大数据的结合会引入更复杂的系统架构和数据处理流程。管理和操作这样的系统需要具备相关的技术和知识。此外，随着网络规模和数据量的增加，如何实现可扩展性和高效性也是一个挑战。

③隐私和安全

大数据分析涉及大量的用户和网络数据，因此确保用户隐私和网络安全变得尤为重要。在结合 SDN 和大数据时，必须注意保护用户隐私和网络数据的安全，并采取适当的安全措施，以防止数据泄露和恶意攻击。

④标准和互操作性

SDN 和大数据领域涉及多个供应商和技术标准，因此需要制定一致的标准和协议，以确保不同系统和组件之间的互操作性和集成能力。

尽管面临一些挑战，SDN 和大数据的结合仍然具有巨大的潜力，可以提供更智能、高效和安全的网络管理和服务。随着技术的不断发展和进步，这种结合将为各行各业带来更多创新和应用机会。

（3）SDN 和大数据结合的应用领域

SDN 和大数据技术都是当今信息技术领域的热门话题。它们的结合可以为许多应用领域带来巨大的潜力和优势。以下是 SDN 和大数据结合的一些主要应用领域：

①网络流量分析和优化

SDN 的核心理念是通过集中式的控制器对网络进行动态管理和控制，而大数据技术则可以用于收集和分析大规模的网络流量数据。SDN 和大数据的结合，可以实时监测网络流量，并基于大数据分析结果进行智能决策和优化，从而提高网络性能、降低拥塞并优化资源分配。

②安全威胁检测和防御

SDN 的可编程性和集中式控制特性使得网络安全的监测和防御更加灵活和

高效。大数据技术可以用于实时收集和分析网络安全事件数据，以便发现潜在的威胁和异常行为。通过将 SDN 和大数据相结合，可以建立智能的安全威胁检测和防御系统，能够实时应对网络攻击和安全威胁。

③网络运营和管理

大规模的网络环境需要高效的运营和管理手段。SDN 的可编程性和集中式控制器可以简化网络配置和管理，而大数据技术可以帮助分析网络性能和大量数据的使用情况。通过将 SDN 和大数据相结合，可以实现网络运营和管理的自动化、智能化，提高网络资源的利用率和利用效率。

④数据中心优化

大数据处理和分析需要强大的计算和存储能力，而数据中心则是存储和处理大数据的关键环境。SDN 可以提供灵活的网络虚拟化和资源管理，而大数据技术可以用于优化数据中心的运行和资源分配。通过将 SDN 和大数据相结合，可以实现数据中心资源的动态分配和优化，提高数据中心的性能和效率。

⑤物联网的数据处理

物联网设备产生的海量数据需要经过有效的处理和分析。SDN 可以提供灵活的网络架构来支持物联网设备的连接和通信，而大数据技术可以帮助处理和分析从物联网设备中收集的数据。通过将 SDN 和大数据相结合，可以实现对物联网数据的实时处理和分析，从而提供更智能的物联网服务和应用。

综上所述，SDN 和大数据的结合在网络流量分析和优化、安全威胁检测和防御、网络运营和管理、数据中心优化以及物联网的数据处理等领域，具有广阔的应用前景。随着这两项技术的不断发展和成熟，我们可以期待更多创新和突破，为各行各业带来更高效、智能的解决方案。

4. SDN 与物联网的结合

（1）SDN 和物联网结合的基本概念

SDN 和物联网是两个独立的概念，但它们的结合有着巨大的潜力，可以为物联网提供更灵活、可管理和可扩展的网络架构。

物联网是由各种物理设备、软件和网络连接组成的智能化网络系统。这些物理设备可以是传感器、执行器、智能设备等，它们能够通过网络进行通信和交互，实现数据的采集、传输和分析。物联网的应用领域广泛，涵盖了智能家居、智能城市、工业自动化、健康监测等诸多领域。

SDN 和物联网结合的应用领域非常广泛。在智能家居领域，SDN 可以提供智能家居设备之间的互联互通，并实现对设备的集中管理和控制。在智能城市中，SDN 可以优化城市基础设施的网络连接和管理，实现智能交通、智能能源等领域的创新应用。在工业自动化中，SDN 可以提供灵活的网络配置和实时监控，提高生产效率和设备安全性。

已经有一些实际案例展示了 SDN 和物联网结合的潜力。例如智能电网中的智能电表可以通过 SDN 进行集中管理和监控，实现对电力系统的优化控制。另一个例子是智能建筑中的自适应照明系统，通过 SDN 可以实现对照明设备的集中控制和能耗优化。

总之，SDN 和物联网的结合为物联网系统提供了更强大的网络管理和控制能力，有助于实现智能化、高效率和可靠性的物联网应用。然而，仍然需要进一步研究和发展，以解决在大规模物联网环境下的挑战，并推动 SDN 和物联网结合的应用进一步发展。

（2）将 SDN 和物联网相结合的优势和挑战

SDN 和物联网的结合为网络架构和物联设备的互联互通带来了许多优势，但同时也面临着一些挑战。

SDN 和物联网结合的优势如下。

①灵活性和可编程性

SDN 的核心思想是将网络控制平面与数据转发平面分离，通过集中控制器对网络进行编程和管理。这使得物联网设备能够灵活地适应不同的应用需求和网络环境，同时，提供可编程性，从而实现更高级的网络功能。

②自动化和智能化

将 SDN 和物联网结合可以实现自动化的网络管理和配置。SDN 控制器可以根据物联网设备的需求和行为，动态地调整网络策略和配置，实现智能化的网络控制和优化。

③资源优化和可靠性

SDN 可以提供对网络资源的全局视图和集中管理，使网络资源的分配和利用更加高效。通过 SDN 的动态路由和负载均衡机制，可以优化物联网设备之间的通信，提高网络的可靠性。

④安全性和隐私保护

SDN 结合物联网可以提供更强大的安全性和隐私保护机制。通过 SDN 控制器的集中管理和实时监控，可以对网络流量进行细粒度的安全检测和策略控制，以应对各种网络安全威胁和攻击。

然而，SDN 和物联网结合也面临一些挑战。

①大规模部署和管理

物联网设备数量巨大，涉及广泛的应用领域，因此在大规模部署和管理方面存在挑战。如何有效地管理和配置大量的物联网设备，确保网络的可靠性和性能是一个复杂的问题。

②低功耗和资源限制

许多物联网设备具有资源受限和低功耗的特点，这使得在其上部署复杂的 SDN 控制器和设置功能变得困难。需要研究开发适合物联网设备的轻量级 SDN 解决方案，以满足其特殊的资源和功耗要求。

③隐私和安全问题

物联网设备涉及大量的个人隐私和敏感信息，因此隐私和安全成为重要的关注点。在将 SDN 和物联网结合时，需要制定相应的安全和隐私保护策略，确保用户数据的安全性和合规性。

（3）SDN 和物联网结合的应用领域

SDN 和物联网的结合为各个领域带来了许多新的应用。下面将介绍一些 SDN 和物联网结合的应用领域。

①智能家居与建筑自动化

SDN 可以与物联网设备集成，通过智能家居系统实现对家居设备的集中控制。通过 SDN 的中心控制和网络编程能力，用户可以通过智能手机或其他终端设备远程管理家庭中的各种设备，如照明、温度、安防系统等。SDN 技术使得智能家居系统更加灵活、智能化，并提供了更好的用户体验。

②智慧城市与智能交通

SDN 结合物联网可以实现智慧城市和智能交通系统的优化管理。通过将物联网设备和传感器与 SDN 控制器连接，可以实时监测城市中的交通流量、环境状况和设备状态等信息。用户可以对这些数据进行分析和处理，从而优化交通信号控制，减少拥堵，改善公共交通系统效率，并提升城市的整体运行效率和居民的生活质量。

③工业物联网与智能制造

SDN 和物联网的结合对工业物联网和智能制造领域也具有重要意义。通过 SDN 控制器对工业设备和传感器进行集中管理和编程控制，可以实现生产线的实时监测和优化控制。SDN 的灵活性和可编程性使得工业设备的配置和部署更加简单，同时，也提供了更高的网络可靠性和安全性，为智能制造提供了更好的支持。

④医疗保健与健康监测

SDN 和物联网的结合在医疗保健和健康监测领域也极具潜力。通过将传感器和监测设备与 SDN 控制器相连，可以实时监测患者的生命体征、病情变化等信息。这些数据可以在医疗机构和医生之间进行实时共享和分析，以实现更加精准和高效的医疗诊断和治疗。

⑤农业与环境监测

SDN 和物联网的结合在农业和环境监测方面也有广泛应用。通过将传感器和控制设备与 SDN 控制器连接，可以实现对农田灌溉、温度、湿度等环境参数的实时监测和控制。此外，结合 SDN 和物联网还可以实现农业物联网中的精准农业管理和资源优化，如智能灌溉系统、农作物生长监测等。

总之，SDN 和物联网的结合为多个领域带来了创新和改进的机会。通过灵活的网络管理和编程能力，SDN 使得物联网设备更加智能化和高效，为智慧城市、智能制造、医疗保健等领域提供了更好的支持。然而，与此同时，SDN 和物联网结合也面临着网络安全、隐私保护、标准化等方面的挑战，需要进一步研究和解决。

5. SDN 与边缘计算的结合

（1）SDN 和边缘计算结合的基本概念

边缘计算（Edge Computing）是一种分布式计算模型，它将计算、存储和应用功能推向网络边缘，靠近数据源和终端设备，以提供低延迟、高带宽和更可靠的计算服务。边缘计算的目标是在接近数据产生的地方进行实时数据处理和分析，减少数据在网络中的传输延迟和带宽消耗，提高应用性能和用户体验。

SDN 和边缘计算结合可以带来多方面的好处。首先，SDN 的集中控制和编程能力使得网络资源可以更好地与边缘设备进行交互和协同，实现对边缘计算

资源的动态调度和管理。通过 SDN 控制器，可以对边缘设备进行灵活的网络配置和流量控制，以适应不同应用场景下的需求变化。其次，SDN 可以提供更强大的网络安全功能，通过集中化的控制和监控，对边缘设备的安全策略进行统一管理和实施，有效防止潜在的网络攻击和数据泄露。最后，SDN 还可以提供对边缘设备的性能监测和故障管理，以提高边缘计算的可靠性和可用性。

（2）优势和挑战

SDN 和边缘计算是两个在当前网络领域备受关注的技术。它们的结合可以带来许多优势，但也伴随着一些挑战。

第一，优势方面：

①降低网络延迟

边缘计算将计算资源和数据存储推向网络的边缘，使数据在离用户更近的地方得到处理和响应。与传统的集中式云计算相比，边缘计算可以大大减少数据传输的延迟。当与 SDN 结合时，网络中的流量和路由可以实现更智能的管理，进一步减少延迟。

②提高网络带宽利用率

边缘计算可以通过将计算任务分布到网络的边缘节点上，减少数据在网络中的传输量。当结合 SDN 时，可以根据实时的网络状况和需求来动态分配网络资源，以提高带宽的利用效率。

③增强网络安全性

边缘计算可以在边缘设备上进行本地的数据处理和分析，减少数据在网络中的传输，从而减少了数据泄露事件，降低了安全风险。通过与 SDN 结合，网络可以实现更精细的安全策略和流量监控，对边缘节点和数据进行细粒度的控制和保护。

④提供可扩展性和灵活性

边缘计算的分布式特性使网络可以更好地应对大规模和高密度的连接需求。与 SDN 相结合，网络可以实现动态的资源分配和配置，根据实时需求进行扩展或收缩，从而提供更好的可扩展性和灵活性。

第二，挑战方面：

①网络管理复杂性

边缘计算将计算和存储推向边缘设备，导致网络的规模和复杂性增加。与此同时，SDN 引入了集中式的控制器和分离的数据平面，使网络的管理和配置变得更加复杂。将 SDN 和边缘计算结合需要综合考虑网络拓扑、流量调度和边缘设备的管理，对网络管理员提出了更高的要求。

②数据隐私和安全性

边缘计算涉及大量的数据处理和存储，使得数据隐私和安全性成为关键问题。边缘设备的安全性和数据传输的加密是当前面临的重大挑战。结合 SDN 时，需要确保网络中的流量和数据受到适当的保护，并采取安全措施来防止未经授权的访问和攻击。

③一致性和可靠性

边缘计算中的节点和设备可能会出现不稳定性和不可靠性，例如设备故障或临时断连。在与 SDN 结合时，需要考虑如何处理这些不稳定因素，以确保网络的一致性和可靠性。这可能需要采取冗余和容错机制，以及合适的网络重组策略。

④资源限制和性能约束

边缘设备通常具有有限的计算能力、存储容量和能源供应。这些资源的限制可能对 SDN 和边缘计算的结合产生影响。在设计网络架构时，需要考虑如何在资源受限的环境中实现高性能和有效的数据处理。

尽管 SDN 与边缘计算的结合面临着一些挑战，但通过充分利用它们各自的优势并加以克服，可以构建更灵活、高效和安全的网络架构，支持日益增长的边缘计算应用和物联网场景的需求。未来的发展和研究将进一步推动 SDN 和边缘计算的融合，以实现更智能、可靠和可持续的网络环境。

（3）SDN 和边缘计算结合的应用领域

SDN 和边缘计算是两个快速发展的领域，它们的结合可以为多个应用领域带来许多潜在的好处。下面将介绍几个重要的应用领域，在其中，SDN 和边缘计算的结合发挥了重要作用。

①智能城市和物联网

智能城市和物联网中的大量设备需要实时的数据传输和处理能力。通过将 SDN 和边缘计算相结合，可以在城市的边缘部署智能设备和传感器，实现快速的数据分析和决策制定。例如交通管理系统可以利用 SDN 的灵活性来优化交通流量，并通过边缘计算快速处理实时交通数据。

②工业自动化和机器人技术

在工业自动化领域，SDN 和边缘计算的结合可以实现更高效的机器人控制和监测。通过将控制决策下放到边缘设备，可以减少对中央服务器的依赖，减少响应时间，提高可靠性。此外，SDN 可以提供网络切片和虚拟化的功能，使得工业网络更具灵活性和可管理性。

③医疗保健

SDN 和边缘计算在医疗保健领域的结合可以带来许多创新的应用。边缘设备可以用于监测患者的生理参数，并实时传输数据到边缘服务器进行分析。SDN 可以提供动态的网络配置和优化，确保医疗设备和系统之间的高效通信。此外，通过结合区块链技术，可以实现医疗数据的安全共享和隐私保护。

④零售业和智能物流

在零售业和物流领域，SDN 和边缘计算的结合可以提供更高效的库存管理和物流控制。通过在零售店和仓库的边缘部署智能设备和传感器，可以实时监测库存水平和货物位置，并通过 SDN 进行智能路由和资源优化，从而提高供应链的可靠性和效率。

⑤5G 网络和移动通信

SDN 和边缘计算在 5G 网络中扮演着重要的角色。边缘计算可以将计算和存储资源靠近用户，降低网络延迟，并提供更好的用户体验。SDN 可以通过对网络流量的智能管理和优化，实现灵活的网络切片和资源分配，以满足不同应用的需求，如增强型移动宽带、车联网和虚拟现实等。

通过 SDN 和边缘计算的结合，可以在许多应用领域实现更高效、可靠和智能的网络和系统。随着这两个领域的进一步发展和创新，可以预见更多的应用将会出现，为各行各业带来更大的改变和机会。

第3节　SDN标准化和政策支持对电子政务网络的影响

1. SDN标准化的重要性和现状

SDN作为一种新型网络架构，具有灵活性、可编程性和可管理性等优势，对于电子政务网络的发展具有重要意义。在SDN的应用中，标准化起着关键作用，它能够确保不同厂商和组织之间的互操作性，提高系统的可靠性和安全性，同时，促进技术创新和市场竞争。本节将重点讨论SDN标准化的重要性及现状。

（1）SDN标准化的重要性

SDN标准化的重要性主要体现在以下几个方面：

①促进互操作性

SDN涉及网络设备、控制器、协议和应用等多个层面的交互，标准化能够确保不同厂商的产品和解决方案之间互相兼容和协作。通过制定统一的接口和协议标准，可以降低集成和部署的复杂性，提高系统的可扩展性和灵活性。

②提高系统的可靠性和安全性

标准化可以推动安全机制和策略的统一实施，提供可靠的网络管理和控制。标准化还能够减少潜在的漏洞和安全风险，为电子政务网络提供更高的安全保障。

③促进技术创新和市场竞争

标准化可以激发技术创新，推动新的应用和服务的发展。基于共同的标准，厂商和开发者可以更加专注于创新，减少开发成本和时间，加快产品和解决方案的上市速度。标准化还能够促进市场竞争，为用户提供更多选择和更好的服务。

（2）SDN标准化的现状

目前，SDN标准化工作已经在全球范围内展开，并取得了一定的进展。以下是一些重要的标准化组织和标准的现状：

①Open Networking Foundation（ONF）

ONF是一个专注于SDN和开放网络的非营利组织，致力于推动SDN的标

准化和采用。ONF 发布了一系列的 SDN 标准，包括 NETCONF 协议、NETCONF 控制器接口、SDN 架构等。这些标准已经得到了广泛的应用和支持，成为 SDN 标准化的重要基石。

②The Internet Engineering Task Force（IETF）

IETF 是一个致力于互联网协议开发和标准化的组织。在 SDN 领域，IETF 制定了一些相关的标准和协议，如 Network Configuration Protocol、Path Computation Element Communication Protocol（PCEP）等。这些标准为 SDN 的配置管理和路径计算等方面提供了技术支持。

③ITU-T

国际电信联盟电信标准化部门（ITU-T）也参与了 SDN 标准化的工作。ITU-T 发布了一系列的建议和标准，涵盖了 SDN 的体系结构、功能和接口等方面。这些标准的制定为 SDN 在电信行业的应用提供了指导和支持。

④其他标准化组织

除了 ONF、IETF 和 ITU-T，还有许多其他标准化组织和论坛也参与了 SDN 标准化工作，如 IEEE、ETSI（The European Telecommunications Standards Institute）、MFA Forum 等。它们在不同领域和层面上推动了 SDN 标准的制定和发展。

然而，需要指出的是，目前 SDN 标准化工作还处于不断发展和完善的阶段，尚存在一些挑战和争议。例如不同组织之间的标准之争、技术的快速发展导致标准的滞后等问题仍然存在。因此，继续加强标准化工作，加强各方的合作和协调，是推动 SDN 标准化的重要任务。

总之，SDN 标准化对于电子政务网络的发展至关重要。通过标准化，可以促进互操作性，提高系统的可靠性和安全性，推动技术创新和市场竞争。当前，ONF、IETF、ITU-T 等组织在 SDN 标准化方面发挥着重要作用，但仍面临着一些挑战。因此，继续加强标准化工作，推动各方的合作和协调，是实现 SDN 技术在电子政务网络中得到广泛应用的关键。

2. 国际标准化组织对 SDN 的工作

国际标准化组织（ISO）在网络和通信技术领域起着至关重要的作用，其目标是制订标准并促进全球各国的标准化和规范化。对于 SDN 这样的新兴技术，ISO 也扮演着推动者和协调者的角色。以下将详细介绍 ISO 在 SDN 领域的工作。

SDN 作为一种新的网络架构，它的出现改变了传统网络的运行方式和管理方式，为网络提供了更高的灵活性、可编程性和可管理性。然而，由于 SDN 的快速发展和广泛应用，不同厂商和组织之间的 SDN 实现存在互操作性和一致性方面的挑战。因此，SDN 标准化成为推动 SDN 发展、确保互操作性和加速应用部署的重要需求。

ISO/IEC JTC 1（国际标准化组织/国际电工委员会技术委员会 1）是负责信息技术标准化的专门委员会，而 SC 6（Subcommittee 6）是 JTC 1 下设的专门负责通信和网络技术标准化的子委员会。ISO/IEC JTC 1/SC 6 负责制定与网络和通信技术相关的国际标准，包括 SDN 标准。

在 ISO/IEC JTC 1/SC 6 组织下，成立了 SDN 标准化工作组（Working Group）来推动 SDN 标准的制定和发展。该工作组由来自全球各个国家的专家组成，他们代表了学术界、产业界和研究机构等不同领域的利益相关者。

SDN 标准化工作组的工作范围涵盖了 SDN 架构、协议、接口、安全性、管理和控制等方面。具体而言，工作组致力于制定 SDN 架构的参考模型、协议的规范、开放接口的定义和安全机制的标准。通过制定这些标准，可以促进不同厂商和组织之间的互操作性，降低 SDN 应用的开发和部署成本，加速 SDN 技术的推广和应用。

ISO/IEC 19481 系列标准是 SDN 标准化工作组的主要成果之一。该系列标准包括 SDN 架构的参考模型、控制器—交换机接口的协议、NFV 和 SDN 的整合等方面的标准规范。这些标准的制定为 SDN 技术的应用和发展提供了指导和支持。

除制定具体的标准规范外，ISO/IEC JTC 1/SC 6 还发布了一份名为 ISO/IEC TR 20581 的技术报告。该技术报告对 SDN 的标准化需求进行了分析和总结，并提出了未来 SDN 标准化的发展方向和重点。这份报告为 SDN 标准化工作的指导和规划提供了重要的参考依据。ISO/IEC JTC 1/SC 6 还积极与其他国际标准化组织和行业组织进行合作，共同推动 SDN 标准化的进程。例如工作组与 IETF、ETSI 和 ONF 等组织进行了广泛的合作和协调，以确保 SDN 标准的一致性和互操作性。

总之，ISO 在 SDN 标准化方面发挥着重要的作用。通过 ISO/IEC JTC 1/SC 6 下的 SDN 标准化工作组，ISO 制定了一系列与 SDN 相关的国际标准和技术报告，推动了 SDN 技术的发展和应用。ISO 的工作为不同厂商和组织之间的互操作性提供了保障，降低了 SDN 应用的开发和部署成本，促进了 SDN 技术的全球化推广和应用。

3. SDN 标准化对电子政务网络的影响

SDN 作为一种创新的网络架构，对于电子政务网络的发展具有重要的影响。SDN 标准化的推进和实施，对于保证电子政务网络的安全性、可靠性和互操作性至关重要。下面将探讨 SDN 标准化对电子政务网络的影响以及相关的关键方面。

（1）促进互操作性

SDN 标准化有助于推动不同供应商的设备和解决方案之间的互操作性，从而提高电子政务网络的灵活性和可扩展性。通过制定统一的接口和协议标准，SDN 可以实现不同厂商的设备之间的互联互通，使政府机构能够更加自由地选择各种设备和技术，而不受特定厂商的制约。

（2）提高网络安全性

SDN 标准化对于电子政务网络的安全性具有积极的影响。通过定义和实施安全性相关的标准和协议，SDN 可以提供更强大的网络安全功能，包括流量监测、入侵检测和流量隔离等。此外，SDN 的中心控制和网络编程能力使得网络安全策略的部署更加灵活和动态，能够快速应对新型威胁和攻击。

（3）改善网络管理和维护

SDN 标准化为电子政务网络的管理和维护提供了一致的框架和方法。通过统一的管理接口和协议，政府机构可以更加高效地管理网络资源、配置网络策略和监控网络性能。此外，SDN 的集中控制和可编程性使得网络的故障诊断和故障恢复更加简化和自动化，提高了网络的可靠性和可用性。

（4）促进创新和发展

SDN 标准化为电子政务网络的创新和发展提供了基础。通过制定统一的标准和接口，SDN 可以为各种新兴技术（如物联网、人工智能等）的集成和应用提供便利。政府机构可以基于 SDN 的灵活性和可编程性，快速部署和测试新的应用场景，推动电子政务网络的创新和进步。

（5）面临的挑战

虽然 SDN 标准化对电子政务网络具有许多好处，但也面临一些挑战。其中之一是制定全球范围内统一标准的复杂性。由于 SDN 技术的快速发展和应用领域的多样性，制定一致的标准变得非常具有挑战性。此外，与传统网络相比，SDN 的安全性和隐私保护面临更多的风险和威胁，需要进一步加强标准和政策的制定。

综上所述，SDN 标准化对电子政务网络的影响是多方面的。它促进了互操作性，提升了网络安全性，改善了网络管理和维护，并促进了创新和发展。然而，SDN 标准化也面临一些挑战，需要通过进一步的研究和政策支持来解决。未来，随着 SDN 标准的进一步完善和普及，电子政务网络将更加安全、灵活和创新。

4. 政策支持对 SDN 和电子政务网络的作用

政策支持在促进 SDN 和电子政务网络发展方面起着重要作用。SDN 的标准化和政策支持相互关联，共同推动了电子政务网络的发展和应用。下面将探讨政策支持对 SDN 和电子政务网络的作用，并分析其对网络技术和电子政务领域的影响。

（1）推动技术创新和应用

政策支持可以为 SDN 和电子政务网络的技术创新和应用提供有力的推动。政府可以通过出台相关政策、法规和规范，鼓励企业、学术界和研究机构在 SDN 和电子政务网络领域进行创新研究，并通过提供资金支持和奖励机制来推动技术的发展和应用。政策支持可以降低技术创新的风险和成本，鼓励更多的企业和机构参与到 SDN 和电子政务网络的建设中来。

（2）提供市场机会和良好环境

政策支持可以为 SDN 和电子政务网络的发展提供市场机会和良好的环境。政府可以通过招标、采购和项目投资等方式，为 SDN 和电子政务网络的建设提供市场需求和机会。政策支持还可以鼓励和引导企业投入 SDN 和电子政务网络建设中来，促进市场竞争和创新。此外，政府还可以制定相关的政策和法规，保护网络安全和用户隐私，提高网络的可靠性和稳定性，为 SDN 和电子政务网络的发展提供有利的环境。

（3）加强合作与协调

政策支持可以促进政府、企业和学术界之间的合作与协调。政府可以通过组织会议、研讨会和培训活动等方式，促进各方之间的交流与合作，共同推动 SDN 和电子政务网络的发展。政府还可以建立跨部门和跨领域的合作机制，加强各方之间的合作，推动 SDN 和电子政务网络在不同领域的应用和推广。

（4）促进信息共享和开放数据

政策支持可以促进信息共享和开放数据的实现。政府可以制定相关政策和法规，鼓励政府机构之间的信息共享和数据开放，推动 SDN 和电子政务网络在

信息整合和共享方面的应用。政策支持还可以鼓励企业和组织将其数据开放，促进数据的跨机构和跨领域利用，提高电子政务网络的效率和服务质量。

（5）保障网络安全和隐私保护

政策支持可以加强对网络安全和隐私保护的管理和监管。政府可以制定相关政策和法规，要求网络运营商和企业采取必要的安全措施，保护 SDN 和电子政务网络的安全和隐私。政策支持还可以鼓励企业和组织加强网络安全的研究和技术创新，提高网络的抗攻击能力和安全防护水平。

总之，政策支持在 SDN 和电子政务网络的发展中起着关键的作用。通过政策支持，可以推动技术创新和应用，提供市场机会和良好环境，加强合作与协调，促进信息共享和开放数据，保障网络安全和隐私保护。政策支持应该与标准化工作相结合，形成一个完整的体系，共同推动 SDN 和电子政务网络的健康发展，为社会和经济的进步提供支持。

5. SDN 政策和法规的发展趋势

随着 SDN 在电子政务网络中的应用越来越广泛，政策和法规的发展也逐渐成为 SDN 领域的关注焦点。这些政策和法规的制定，对于促进 SDN 技术的发展和保障电子政务网络的安全和稳定至关重要。以下是有关 SDN 政策和法规的发展趋势的一些关键方面：

（1）数据隐私和安全保护

随着 SDN 的广泛应用，数据隐私和安全问题变得尤为重要。政府机构和相关部门将加强制定和执行有关数据隐私保护和网络安全的法规和政策。这些法规可能涵盖数据加密、身份认证、访问控制等方面，以确保政府和公民的数据得到充分的保护。

（2）跨境数据传输和合规性

由于电子政务网络可能涉及跨境数据传输，国际合规性和数据保护成为政策和法规发展的重要方向。政府机构将加强与其他国家和地区的合作，建立互信机制和信息共享渠道，确保跨境数据传输的合法性、安全性和隐私保护。

（3）竞争公平和市场监管

随着 SDN 技术的发展，相关的市场竞争和监管问题也需要得到解决。政府机构可能出台监管措施，以确保 SDN 服务提供商和网络运营商之间的竞争是公平和透明的。这些措施可能包括许可证管理、监管审查、价格管制等，以维护市场秩序和保护用户利益。

(4) 云计算和虚拟化管理

SDN 和云计算、虚拟化技术密切相关，因此政策和法规也需要关注云计算和虚拟化管理的问题。政府机构可能出台相关政策，规范云计算和虚拟化的使用和管理，促进资源的高效利用和共享，并确保云服务的可靠性和安全性。

(5) 开放标准和互操作性

SDN 的开放性和互操作性是其核心特点之一。政府机构将鼓励和支持制定开放标准，并促进不同供应商的设备和解决方案之间的互操作性。这有助于避免供应商锁定问题，降低采购和维护成本，推动电子政务网络的发展和创新。

(6) 创新和实验环境

为了促进 SDN 技术的创新和应用，政府机构可能设立实验室、创新基地或测试环境，供研究机构、企业和开发者进行实验和测试。政府可能提供资金和政策支持，鼓励各方共同参与，推动 SDN 技术在电子政务领域的进一步发展。

总体而言，SDN 政策和法规的发展趋势将着重于数据隐私保护、安全合规、公平竞争、云计算管理、开放标准和创新环境等方面。这些政策和法规的制定和实施将为 SDN 技术的应用提供良好的环境，并为电子政务网络的发展提供可靠的保障。随着技术的不断演进和应用场景的扩大，SDN 政策和法规也将随之发展和调整，以适应不断变化的需求和挑战。